개념 없는 그리스도인

CHRISTIANS WHO HAVE
NO REAL DEFINITION
OF FAITH IN GOD

개념부터 바로잡는 참 그리스도인의 믿음과 신앙

개념 없는 그리스도인

CHRISTIANS WHO HAVE NO REAL DEFINITION OF FAITH IN GOD

박진욱

머리말

나는 오늘날 그리스도인들의 신앙이 신비주의와 종교인의 경계에 위태롭게 걸쳐서 점점 타락해가고 있는 것 같아서 매우 안타깝게 생각한다. 자칭 기독교인들은 그들 나름대로 열심을 내면서 예배당에 출석하고 있지만 그 목적과 신앙의 근원이 분명하지 않아서 다른 종교들과 차이가 없어 보이기까지 하다. 어떤 이들은 교회에 가면 마음이 편해지기 때문에 교회에 간다고 하지만, 이러한 사람들은 그저 수양을 통해 마음의 평안이나 구하는 흔한 종교인일 뿐이다.

성경 어디에도 하나님께서 종교인들을 구원하시고 그들에게 영생을 주신다고 약속하신 일은 전무全無하다. 오히려 하나님의 아들 예수 그리스도께서 유대 땅에 오셔서 유대교 종교 지도자들과 종교인들을 독사의 자식이라고 책망하셨다. 종교인들은 계시의 신앙을 초월하여 자기의 믿음을 따라, 곧 자기의 신념대로 경건의 모양을 갖추려고 한다. 이들은 자기의 신념을 따라 움직이기 때문에 하나님의 말씀도 필요 없는 사람들이다. 또 어떤 이들은 하나님의 말씀을 초월하여 세상에서 섬기던 우상을 섬기듯이 하나님을 음란하게 섬기는 자들이 있다. 나는 이런 사람들을 신비주의자 혹은 기복신앙자라고 부른다. 우리의 주 되신 그리스도 예수께서 알려주신 믿음을 가져야 함에도 불구하고 믿음이 무엇인지 깨닫지 못하고 자기의 신념을 믿음으로 여김으로써 종교인으로 전락하거나 신비주의자가 되고 마는 것을 너무 많이 보곤 한다. 나는 그러한 사람들에게는 믿음을 말하여도 듣지 않고 오히려 돌을 들고 치려고 하던 유대인들과 같은 자세를 취하는 모습을 보았다. 그래서 나는 그리스도인들이 올바른 믿음의 개념을 갖도록 매우 졸필이라서 부끄럽기까지 한 이 책을 저술하게 되었다.

자칭 그리스도인이라고 하는 사람들이 그리스도인이 무엇인 줄 모르고 있으니 어떻게 그리스도인이 될 수 있으며, 신앙이 무엇인지 모르니 어찌 신앙을 가질 수 있겠는가? '개념概念'이라는 것은 철학적인 요소가 포함되어 있으나 나는 철학을 말하려고 하는 것이 아니라 예수 그리스도께서 말씀하신 것과 성경에 기록된 것으로 개념을 정의Definition하려고 하는 것이다. 나는 이 책으로 인해서 진리에 무식한 사람들에 의해서 욕을 먹거나 핍박을 받을 것도 각오하면서 개념 없는 그리스도인에서 벗어나게 하는 것이 더욱 중요하다고 생각하여 믿음으로 이 책을 저술하였다. 최소한 나를 선생先生으로 여겨주고 있는 자들이라도 잘 읽고 믿음의 토대 위에 굳건히 자기의 영혼을 건축하기를 바라는 마음이 간절하다.

사랑하는 이일락 안수집사, 전현영 집사, 김종금 전도사, 홍지연 집사, 주정희 집사, 김금화 집사, 오옥란 성도, 김미금 성도가 겸손하게 잘 읽고 깨달아 진리에 장성한 주의 종으로서 영적 지도자가 되기를 바란다. 그리고 겸손한 마음으로 이 글을 읽고 깨닫고 하나님의 말씀에 순종한다면 하나님께서 기뻐하시는 믿음의 사람이 되어 능력과 이적이 강같이 흐를 것이라 확신한다.

2020. 3

박진욱

차례

그러므로 믿음은 들음에서 나며

들음은 그리스도의 말씀으로 말미암았느니라

(롬 10:17)

들어가는 글

어느 분야에서든지 용어를 정의$_{Definition}$하는 것은 매우 중요하다. 그렇지 않으면 서로가 오해할 수 있는 소지가 너무 많기 때문에 세상에서도 쌍방이 계약을 체결할 때 계약서에 가장 먼저 정의$_{Definition}$를 기술$_{記述}$함으로써 서로의 오해를 사전에 방지하도록 한다. 필자는 이와 같이 신앙생활을 하는 데도 하나님께서 정의$_{Definition}$하시는 것을 올바르게 이해하는 것이 가장 중요한 일이라고 주장한다. 예컨대 하나님을 믿는다고 하면서 오히려 하나님이 누구신지, 하나님의 뜻은 무엇인지, 말씀은 무엇을 말하는 것인지 전혀 이해하지 못한다면 자기의 뜻대로, 자기가 세상에서 우상을 섬기던 마음을 가지고 우상을 섬기듯이 하나님을 섬길 수 있는 위험은 항상 존재할 것이다.

필자는 하나님을 알지도 못하면서 어떻게 믿는다는 것인지 궁금하기 짝이 없다. 혹시 그들은 '믿는다'라는 것이 무슨 뜻인지 알지 못하고 그저 말로써 "나는 하나님을 믿어"라고 하는 것을 말하는 것인가? 필자의 믿음을 따라 말하면, 그러한 믿음은 영생을 얻을 가능성은 전무$_{全無}$하다. 요컨대, 하나님을 믿는다고 하고, 예수 그리스도를 믿는다고 하는 사람들이 하나님이 누구신지 모르고, 예수 그리스도를 주인으로 섬기는 사람들이 예수 그리스도가 누구신지 모르고, 믿는 것이 무엇인지 모르면서 하나님을 믿고 그의 보내신 자 예수 그리스도를 믿는다고 말하는 것은 어불성설$_{語不成說}$이다. 그들은 믿음이 없기 때문에 자기가 하나님을 자기의 신념으로 만들어내고, 자기의 방법으로 섬기게 되는 것이다. 이것은 세상에서 우상을 숭배하는 자들과 크게 다르지 않다.

필자의 이러한 주장에 대해서 발끈하는 자들도 있을 수 있겠으나 성경에 기록된 말씀을 겸손하게 보도록 하자. 아론과 이스라엘은 모세가 시내산에서 하나님의 말씀을 받는 동안에, 말하자면 하나님의 말씀이 아직 오기도 전에 자기들이 하나님을 만들어서 섬겼는데 그것이 금송아지 숭배사건이다. 그들이 말하기를 금송아지는 우상이라 하지 않고 이스라엘을 애굽에서 인도하여 낸 하나님이라고 했다. 인간의 신념으로 만들어 낸 하나님께서는 우상일 뿐이다.

> **백성이** 모세가 산에서 내려옴이 더딤을 보고 모여 아론에게 이르러 가로되 일어나라 우리를 인도할 신을 우리를 위하여 만들라 이 모세 곧 우리를 애굽 땅에서 인도하여 낸 사람은 어찌 되었는지 알지 못함이니라 [2] 아론이 그들에게 이르되 너희 아내와 자녀의 귀의 금고리를 빼어 내게로 가져오라 [3]모든 백성이 그 귀에서 금고리를 빼어 아론에게로 가져오매 [4]아론이 그들의 손에서 그 고리를 받아 부어서 각도로 새겨 송아지 형상을 만드니 그들이 말하되 이스라엘아 이는 너희를 애굽 땅에서 인도하여 낸 너희 신이로다 하는지라 (출 32:1-4)

정성을 가지고 하나님께 나아가려고 하는 자들은 우상을 섬기듯이 하나님을 섬기는 자들이다. 하나님께서는 인간에게 정성을 요구하시는 것이 아니라 오직 믿음Sola Fide을 요구하신다(히 11:6). 그러므로 하나님을 알아야 한다. 그리스도인들은 하나님께서 인간에게 친히 생명을 주시기 때문에 알아야 한다(요 17:3). 하나님을 알지 못해서 망하는 것이다(호 4:6). '망한다'라고 번역된 히브리어 הָמָה다마는 '끊어지다', '파괴되다'라는 의미로써 육체의 목숨이 죽는다는 것이 아니라 하나님과의 관계가 영원히 단절됨으로써 영혼이 영원히 죽는 것을 의미한다. 그러므로 자기의 신념과 이론과 지식과 생각을 버리고 겸손하게 하나님을 알고 그의 보내신 자 예수 그리스도를 알자, 그리고 말씀께 순종하자. 그것이 신앙생활이다. 만약 말씀을 자기의 사상 위에, 이론이나 생각 위에 받으면 진리를 소유할 수 없다. 사도 바울도 그의 사랑하는 제자들을 은혜의 말씀께 의탁했다.

> 지금 내가 너희를 주와 및 그 은혜의 말씀께 부탁하노니 그 말씀이 너희를 능히 든든히 세우사 거룩케 하심을 입은 모든 자 가운데 기업이 있게 하시리라 (행 20:32)

'말씀'이라고 번역된 헬라어 로고스λόγος는 태초부터 하나님과 함께 계시던 하나님이시다(요 1:1). 말씀이 육신이 되어 오신 예수 그리스도는 본체의 형상이시다(히 1:3). 하나님께서는 오직 믿음만을 의義로 여기실 것이다. 하나님의 의義는 하나님의 사랑으로써 시작한 날이 없고 영원 전부터 하나님께서 가지고 계신 하나님의 영광이다. 하나님의 의義가 구현되어 나타난 것이 하나님의 공의公義다. 그러므로 오직 하나님만이 공의公義가 되신다. 공의公義는 영원히 변하지 않는 것이다. 그러나 세상에서 말하는 정의는 오히려 시대에 따라 변하고, 나라에 따라 다르기도 하다. 변하는 것은 정의가 될 수 없기 때문에 사람의 생각과 철학은 절대로 공의公義와 정의Justice가 될 수 없고, 너무나 당연하게도 이 땅에는 공의와 정의는 존재하지 않는다. 그럼에도 불구하고 타락한 어떤 사람들은 교회에서 자기들의 신념과 철학이 마치 정의인 양 떠들어대면서 교회에서 자기들만의 정의를 실현하려고 하는데 그러한 자들은 타락한 자들이다. 교회의 머리는 예수 그리스도시요, 교회는 예수 그리스도의 몸으로써 예수 그리스도의 통치를 받는 곳이다.

그 능력이 그리스도 안에서 역사하사 죽은 자들 가운데서 다시 살리시고 하늘에서 자기의 오른편에 앉히사 [21]모든 정사와 권세와 능력과 주관하는 자와 이 세상뿐 아니라 오는 세상에 일컫는 모든 이름 위에 뛰어나게 하시고 [22]또 만물을 그 발 아래 복종하게 하시고 그를 만물 위에 교회의 머리로 주셨느니라 [23]교회는 그의 몸이니 만물 안에서 만물을 충만케 하시는 자의 충만이니라 (엡 1:20-23)

그리스도인들의 소망은 하늘나라 곧 천국에 있다. 그러나 절대다수의 그리스도인들이 자기들이 가야 할 천국이 어디인지 알지 못하고 그저 막연하게 넓은 우주 어디인가에 있을 것으로만 추측하고 있는 것 같다. 그러나 천국은 우주에 있는 것이 아니다. 우주 너머에 우리의 주되신 그리스도 예수께서 계신 하나님의 우편보좌가 있고 그곳에 예수를 섬기는 천사들이 가득하다. 그곳이 성도들이 가야 할 천국이다. 우주는 땅이다. 학명學名으로는 우주요, 영적으로는 음부이다. 우주는 허공이며 허공은 하나님의 나라가 아니다. '그러므로 하늘에 계신 하나님께 기도한다고 하면서 허공을 쳐다보고 기도하면서 하나님께서 허공 어디인가에 있을 것으로 착각해서는 안 된다.' 허공은 장차 두루마리가 말리듯이 없어질 곳이요, 마귀를 형벌할 지옥으로 예비된 곳이다.

> **태초에 하나님이 천지를 창조하시니라** [2]**땅이 혼돈하고 공허하며 흑암이 깊음 위에 있고 하나님의 신은 수면에 운행하시니라** (창 1:1-2)

    하나님께서는 영원 전부터 자존하시는 조물주이시다. 영원 전에는 시간도 없었고 공간도 없었다. 하나님께서는 영이시다. 영은 공간이 아니며 하늘도 영으로써 공간이 아니다. 그러나 영계는 하늘 위에 만들어진 피조계이다. 그러므로 우리의 영혼이 가야 할 본향은 물질계가 아니라 영계이다. 이것이 의義다. 복음은 영원 전부터 자존하시는 하나님의 뜻이고 하나님의 뜻에 대해서 증거하는 말로써 육체가 거룩해지는 것이 율법이다. 율법은 실상이 아니고 실상에 대해 증거하고, 실상까지 육체를 인도하는 말씀이다. 진리는 복음이 성도의 영에 들어올 때 되는 하나님 아버지의 말씀이다(요 17:17). 그러므로 진리의 사람이란 하나님의 뜻에 순종하는 사람이요, 말씀에 순종하는 사람이다. 하나님의 뜻은 예수 그리스도께서 다 이루셨으니 하나님의 뜻을 알고자 하는 사람은 예수 그리스도의 말씀에 순종하면 하나님의 뜻을 알 수 있다. 공연히 하나님께 기도하기를 "나에 대한 하나님의 뜻이 무엇입니까?"라고 하지 말라. 하나님의 뜻은 우리 주 예수 그리스도께서 모두 성취하셨다.

> **예수께서 신 포도주를 받으신 후 가라사대 다 이루었다 하시고 머리를 숙이시고 영혼이 돌아가시니라** (요 19:30)

성경은 구약과 신약으로 이루어져 있는데 이것은 옛 언약과 새 언약이라는 뜻이요, 언약Covenant이라는 말은 계약을 의미하는 것이다. 계약은 상호 간에 권리와 의무를 진다. 고대 근동에서의 계약은 매우 엄중하다. 계약을 파기하면 그 책임을 져야 한다.

여호와께서 그에게 이르시되 나를 위하여 삼 년 된 암염소와 삼 년 된 수양과 산비둘기와 집비둘기 새끼를 취할지니라 10아브람이 그 모든 것을 취하여 그 중간을 쪼개고 그 쪼갠 것을 마주 대하여 놓고 그 새는 쪼개지 아니하였으며 11솔개가 그 사체 위에 내릴 때에는 아브람이 쫓았더라 12해 질 때에 아브람이 깊이 잠든 중에 캄캄함이 임하므로 심히 두려워하더니 13여호와께서 아브람에게 이르시되 너는 정녕히 알라 네 자손이 이방에서 객이 되어 그들을 섬기겠고 그들은 사백 년 동안 네 자손을 괴롭게 하리니 14그 섬기는 나라를 내가 징치할지며 그 후에 네 자손이 큰 재물을 이끌고 나오리라 15너는 장수하다가 평안히 조상에게로 돌아가 장사될 것이요 16네 자손은 사 대만에 이 땅으로 돌아오리니 이는 아모리 족속의 죄악이 아직 관영치 아니함이니라 하시더니 17해가 져서 어둘 때에 연기 나는 풀무가 보이며 타는 횃불이 쪼갠 고기 사이로 지나더라 18그 날에 여호와께서 아브람으로 더불어 언약을 세워 가라사대 내가 이땅을 애굽강에서부터 그 큰 강 유브라데까지 네 자손에게 주노니 19곧 겐 족속과 그니스 족속과 갓몬 족속과 20헷 족속과 브리스 족속과 르바 족속과 21아모리 족속과 가나안 족속과 기르가스 족속과 여부스 족속의 땅이니라 하셨더라 (창 15:9-21)

앞의 성경 구절은 하나님과 아브라함과 언약을 체결하는 장면을 묘사한 것이다. 고대 근동에서의 언약을 체결할 때에는 짐승을 반으로 쪼개어 나누고 그 사이 중간에서 만나서 체결했다. 그것은 그 언약을 파기하면 쪼갠 짐승과 같이 죽음으로 책임지겠다는 의미이다. 성경 본문을 자세히 보면 아브라함은 쪼개진 짐승 사이를 지나가지 않고 오직 하나님만이 일방적으로 쪼개진 짐승 사이를 건너오셔서 아브라함과 언약을 체결하신다. 이것은 예수 그리스도께서 은혜로 십자가에서 피 흘려 죽으시고 믿는 자는 누구나 구원을 얻게 하시는 일방적인 언약을 의미하는 것이다. 그리스도인이라면 누구나 무수無數하게 구약과 신약을 말하지만 그것이 무슨 의미인지도 모르고 있는 실정이다. 요즘 한참 사회적, 종교적 물의를 일으키고 있는 사이비 종교 신천지는 요한계시록의 비유를 풀어서 사람들을 미혹한다고 한다. 불신자는 차치하고서라도 그리스도인조차 계시啓示라는 의미를 알지 못하고 진리를 알지 못하기 때문에 미혹 받아서 자기 영혼을 저주하는 것이다. 구약의 선지자는 침례 요한까지라고 주님께서 분명히 선을 그어 말씀해 주셨다(마 11:13). 예수는 진리이시다. 진리이신 예수께서 율법과 선지자는 침례 요한까지라고 분명히 말씀하셨음에도 불구하고 여전히 자기가 선지자 노릇 하고 있는 사이비 교주에게 속고, 그의 하수인들에게 속고 있다. 성경 전체는 진리이신 예수 그리스도에 대한 예언과 증언뿐이다. 성령께서도 이것을 증거하신다. 이것을 초월하는 자는 다 도적이요 강도이다.

> 너희가 성경에서 영생을 얻는 줄 생각하고 성경을 상고하거니와 이 성경이 곧 내게 대하여 증거하는 것이로다 (요 5:39)

율법과 선지자는 요한의 때까지요 그 후부터는 하나님 나라의 복음이 전파되어 사람마다 그리로 침입하느니라 (눅 16:16)

보혜사 곧 아버지께서 내 이름으로 보내실 성령 그가 너희에게 모든 것을 가르치시고 내가 너희에게 말한 모든 것을 생각나게 하시리라 (요 14:26)

그러하나 진리의 성령이 오시면 그가 너희를 모든 진리 가운데로 인도하시리니 그가 자의로 말하지 않고 오직 듣는 것을 말하시며 장래 일을 너희에게 알리시리라 (요 16:13)

오늘날 그리스도인들이 정신 차리고 반드시 알아야 할 것은 성령께서 오셔서 자기의 말씀을 하시는 것이 아니라 예수께서 말씀하시고 가르치신 말씀을 기억나게 하신다는 것이다. 하나님 아버지의 말씀이 진리라는 것을 반드시 알아야 한다.

저희를 진리로 거룩하게 하옵소서 아버지의 말씀은 진리니이다 (요 17:17)

하나님의 말씀은 씨앗과 같아서 말씀을 사람의 마음이라는 밭에 뿌리는 것이다(마 13:19-23). 사람이 하나님의 말씀을 받으려면 먼저 마음을 깨끗하게 갈아엎어야 하는데 마음을 깨끗하게 갈아엎는다는 말은 윤리적으로 또는 도덕적으로 착하게 살아야 한다는 것이 아니라 자기의 신념과 철학과 경험을 갈아엎어야 한다는 뜻이다. 그렇지 않으면 하나님의 말씀과 자기의 신념이 뒤엉켜서 무엇이 말씀인지 자기의 신념인지 분간하기조차 어려워져서 큰 혼돈과 혼란 속에 빠지게 된다. 그 결과 자기의 신념을 하나님의 말씀으로 착각해서 자기 스스로가 속고 다른 사람도 속이게 된다. 더욱 심각한 경우는 이러한 사람들이 교회의 지도자 위치에 있게 되는 것이다. 이들은 마치 바리새인과 서기관들처럼 하나님의 말씀에 순종한다고 하지만 하나님의 뜻을 모르고 자기의 열심으로 하나님의 아들을 죽이는 데 앞장서는 것과 같다.

필자가 개념 없는 그리스도인들에게 개념을 심어주려고 하는 이유는 성경적 지식을 자랑하려고 하는 것이 아니라 복음적 개념이 없으면 자기 마음에 '하나님'이라는 우상을 만들어 놓고 우상을 섬기듯이 음란하게 하나님을 섬기게 되어 하나님의 사랑을 받지 못하게 되는 것을 불쌍히 여기기 때문이다. 또한 여전히 율법 아래에 있어 심판을 면치 못하는 불쌍한 그리스도인들에 인공호흡같이 조금이라도 거룩한 호흡을 하도록 돕기 위한 것이다. 육체의 목숨에 소망을 두는 사람에게는 아무짝에도 쓸모없는 호흡이겠지만 영혼의 생명에 애착을 가진 거룩한 사람들에게는 생명수와 같을 것이라 확신한다.

내가 정의Definition하는 것에 동의하지 못하는 사람들도 있겠으나 그러한 사람들에게조차 신앙을 돌아볼 수 있는 계기를 마련할 것이기 때문에 도움이 될 것이라 확신한다. 이 책을 겸손하게 끝까지 잘 읽고 깨닫게 된다면 틀림없이 살아 계신 말씀에 순종하게 될 것이다.

'개념을 갖자'는 의미는 지식을 쌓자는 것이 아니라 말씀에 순종하자는 것이다. 말씀은 소리가 아니라 인격적인 말씀이요, 눈으로 볼 수 있는 말씀이요, 손으로 만질 수 있는 말씀이니 이 말씀은 하나님이시다. 말씀에 순종하지 않는 사람은 하나님과 언약을 파기한 사람이기 때문에 하나님께서 약속하신 영생을 얻지 못할 것이다. 영생은 하나님만이 가지고 계신 조물주의 생명을 말하는 것이다. 그러므로 '영생을 얻는다'는 것은 하나님과 동일한 수준으로 살 수 있는 것을 의미한다. 이 영생은 하나님의 뜻에 순종하는 자들에게만 약속하신 하나님의 은혜이다.

　말씀에 순종하지 않는 사람들의 개념과 신념은 그저 사상누각沙上樓閣일 뿐이다. '말씀을 듣고 깨달았다'라는 것과 '개념을 정립했다'는 뜻은 동일한 것으로써 말씀에 순종한다는 뜻이다. 자기의 신념과 믿음을 혼동하지 않기 위해서 신념과 철학과 경험을 철저하게 배제해야 한다. 오직 말씀만이 우리의 영혼의 주인이시고 명령하시며 생명을 주신다. 이것이 그리스도인의 믿음이다. 이 책을 읽고 자기의 영혼을 돌아보고 겸손히 순종하는 자들에게 하나님의 큰 은혜가 있을 것이다.

　나더러 주여 주여 하는 자마다 천국에 다 들어갈 것이 아니요 다만 하늘에 계신 내 아버지의 뜻대로 행하는 자라야 들어가리라 22그 날에 많은 사람이 나더러 이르되 주여 주여 우리가 주의 이름으로 선지자 노릇 하며 주의 이름으로 귀신을 쫓아내며 주의 이름으로 많은 권능을 행치 아니하였나이까 하리니 23그때에 내가 저희에게 밝히 말하되 내가 너희를 도무지 알지 못하니 불법을 행하는 자들아 내게서 떠나가라 하리라 24그러므로 누구든지 나의 이 말을 듣고 행하는 자는 그 집을 반석 위에 지은 지혜로운 사람 같으리니 25비가 내리고 창수가 나고 바람이 불어 그 집에 부딪히되 무너지지 아니하나니 이는 주초를 반석 위에 놓은 연고요 26나의 이 말을 듣고 행치 아니하는 자는 그 집을 모래 위에 지은 어리석은 사람 같으리니 27비가 내리고 창수가 나고 바람이 불어 그 집에 부딪히매 무너져 그 무너짐이 심하니라 ²⁸예수께서 이 말씀을 마치시매 무리들이 그 가르치심에 놀래니 ²⁹이는 그 가르치시는 것이 권세 있는 자와 같고 저희 서기관들과 같지 아니함일러라 (마 7:21-29)

쓰레기와 같은 나를…

　나는 2003년 4월에 하나님의 부름을 받았다. 2003년 3월 1일자로 경기도 김포에 위치한 해병대 2사단본부에서 해병대 대위로 전역하였고 취직하기 위하여 여기저기 정신없이 일자리를 알아보고 있을 때였다. 집은 인천 서구 신현동에 위치한 효성아파트였으나 김포를 여전히 자주 다닐 때였다. 그러던 어느 날 검단 사거리에서 김포 방향으로 운전하여 갈 때 "너에게 무엇 하여 주기를 원하느냐?" 하는 음성을 들었다. 그때는 운전하던 중이었기 때문에 다른 생각을 할 겨를이 없었다. 귀로 들었다는 것은 아니지만 확실하게 들었다. 그래서 그 물음에 답을 하기 위하여 차를 세우고 고민하기 시작했다.

　당장에는 돈이 매우 필요했으나 언제 다시 물으실지 모르는 질문에 돈을 구할 수는 없었다. 그래서 다시 지혜를 구하고자 했으나 더 좋은 것이 없을까 고민하다가 "복 주시기를 원합니다"라고 대답했다. "내 양을 쳐라"라는 음성이 들렸다. 그 순간 고민이 됐다. "내 양을 치라는 뜻은 무엇일까?" 생각했다. 나는 도저히 "아멘"이라고 할 수 없어서 다시 질문을 했다. "이렇게 흠이 많은 자를 어떻게 쓰시려고 하시나이까?" 바로 말씀하시기를 "주가 쓰시겠다 하라" 하셨다. 하지만 나는 여전히 너무나 두려웠다. 그래서 지금은 목회자 사모님이시지만 그 당시에는 전도사였던 분과 다른 목사님에게 상담하였으나 둘 중에 누구에게도 하나님의 부르심에 응답하고 순종하라는 답을 듣지는 못했다. 그래서 나는 하나님의 부르심에 거역하기로 결심했다. 그리고 그 후부터 5년간 대단히 어려운 생활을 했고 가장으로서의 책임지고 가족을 부양해야 하는 의무까지 저버리는 무책임한 행동도 서슴지 않았다.

그러던 중 2008년도 봄에 어느 구역예배를 마치고 집으로 돌아오던 길에서 성령께서 깨닫게 해 주신 것은 나는 하나님 나라에 무익한 존재였다는 것과 그동안 내가 진리로 자유하다고 생각한 것이 사실은 자유한 것이 아니라 하나님의 말씀에 불순종하면서 살았다는 것이었다. 그때 나는 극심한 충격을 받아서 손이 덜덜 떨릴 지경이었다. 그때부터 나는 하나님의 말씀에 무조건 순종해야겠다는 결단을 하였고 순종하였다. 그러나 여전히 나는 풀리지 않는 문제가 "내 양을 치라" 하신 하나님의 계명이었다. 그 부르심이 아직도 유효한 것인지 아니면 다시 부르심이 있어야 하는지 알 수 없어서 매우 괴로웠다.

그래서 평소 존경하는 목사님을 만나서 상담하였다. 그 목사님 말씀이 "하나님은 부르실 때 부름에 응답할 때까지 계속 부르시는데 말씀을 통하여 부르실 때도 있고 주위에 사람들을 통하여 부르실 때도 있고 주의 종들을 통하여 부르실 때도 있다"라고 하셨다. 그래서 그동안 나를 돌아보니 깜짝 놀랄 일들이 있었다. 주의 계명에 순종하겠다고 결심하고 순종할 때부터 나를 만나는 사람마다 나에게 목회를 하라고 말했다는 것이다. 심지어는 불신자 친구들도 나에게 목회를 하라고 했다. 세계 어느 나라를 가든지 거기서 만나는 사람들마다 나에게 목회를 하라고 했다. 나는 거기서 '아~ 하나님께서는 계속해서 나를 부르셨구나!'라는 것을 깨달았다. 그래서 그 부르심에 응답하였다.

2021년 1월인 지금은 신학석사(Th.M) 구약학 전공 과정 중에 있다. 주여 나는 주의 종이오니 주의 말씀이 이루어지이다.

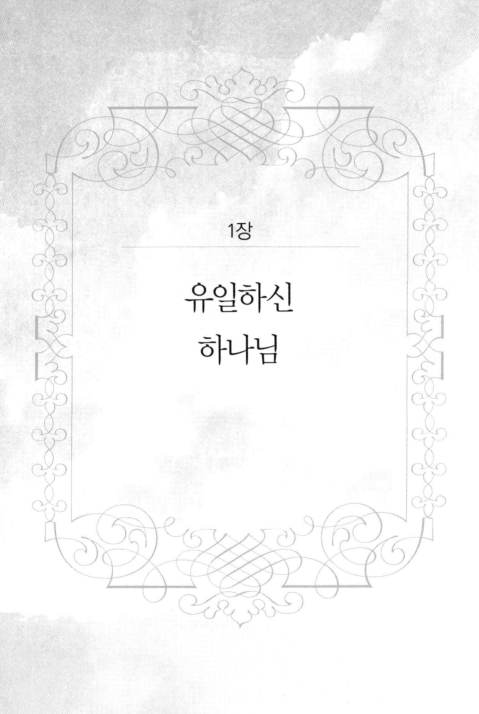

1장

유일하신
하나님

§

　그리스도인의 믿음은 유일하신 하나님을 믿는 것이다. 그래서 기독교를 '유일신 종교'라고도 부른다. 하나님께서 유일하시다는 것은 하나님께서는 한 분이시라는 뜻으로 이해되고 있다. 그러나 '하나님께서는 유일하시다'라는 좀 더 정확한 개념은 조물주가 되기 위해서는 충족해야 하는 조건이 있는데 그 조건을 충족시키는 신神은 오직 하나님뿐이라는 뜻이다. 천상천하에 많은 신들이 있을지라도 그들은 하나님이 아니다. 하나님만이 가지고 계시는 유일하심이 있는데 그것을 알지 못하고 무턱대고 '하나님께서는 유일하시다'라고 말하면 기독교의 막연한 주장이 되고 만다. 그러므로 하나님의 유일하심에 대해서 깊이 깨닫고 그에 순종하고, 그의 뜻에 순종하고, 그의 말씀에 순종하자. 이것이 믿음이다. 유일하신 하나님을 알지 못하면 그저 종교인이 될 뿐이다.

　종교인은 자기의 신념만 있을 뿐이지 믿음이 없는 것이요, 믿음이 없는 까닭은 유일하신 하나님을 알지 못하기 때문이다. 영생은 유일하신 하나님을 아는 것이요, 또 그의 보내신 자 예수 그리스도를 아는 것이다.

> **영생**은 곧 유일하신 참 하나님과 그의 보내신 자 예수 그리스도를 아
> 는 것이니이다 (요 17:3)

　'안다'라고 번역된 헬라어 γινώσκω기노스코는 '인식하다', '이해하다', '성적性的으로 경험하다'라는 뜻이다. 여기서 말하는 아는 것은 경험해서 완전히 아는 것을 의미한다. 하나님을 경험하기 위해서는 자기의 신념과

관념을 버리고 자기의 철학도 버려야 한다. 그뿐만 아니라 자기의 지혜와 경험을 버려야 한다. 마치 어린아이처럼 자기의 것이 없어야 하나님에 대해 알 수 있다는 뜻이다. 이와 같이 자기의 신념과 철학과 지식과 지혜와 경험을 버리는 것이 자기를 부인하는 것이요, 겸손한 것이다. 자기의 신념과 관념과 철학 안에서는 절대로 유일하신 하나님을 이해할 수 없으니 이것은 하나님 아버지의 뜻이다.

　그 때에 예수께서 대답하여 가라사대 천지의 주재이신 아버지여 이것을 지혜롭고 슬기 있는 자들에게는 숨기시고 어린아이들에게는 나타내심을 감사하나이다 [26]옳소이다 이렇게 된 것이 아버지의 뜻이니이다 [27]내 아버지께서 모든 것을 내게 주셨으니 아버지 외에는 아들을 아는 자가 없고 아들과 또 아들의 소원대로 계시를 받는 자 외에는 아버지를 아는 자가 없느니라 (마 11:25-27)

　유일하신 하나님과 삼위일체라는 의미는 엄밀하게 말하면 다르다. 하나님께서 삼위일체가 되신 것도 하나님의 유일하심이다. '유일하시다'라는 말은 천상천하에 하나님 같은 신神은 존재하지 않는, 오직 하나님만이 가지고 계시는 고유성固有性이다. 자, 이제 겸손하게 유일하신 하나님에 대해서 알아보도록 하자.

1 하나님은 자존(自存)하신다

하나님의 자존하심은 하나님만이 가지고 계시는 고유성固有性, 즉 유일하심이다. 많은 사람들이 '자존自存하신다'는 것을 단순히 한자적으로 풀어서 '스스로 계신다'라고 이해하고 있다.

'스스로 계신다'의 좀 더 정확한 말은 '영원 전부터 스스로 계신다'이다. 다시 말하면 언제부터 스스로 계셨는지에 대한 기준은 '영원'인데 영원은 때(시간)를 가리키는 말이다. 영원 전부터 영원까지 계신 하나님을 알아야 자존하시는 하나님을 이해할 수 있다. 하나님께서는 영원이 있기 전부터 계신 분이시다. '영원'이라는 때는 지금으로 말하자면 그리스도 예수께서 계시는 하나님의 우편 보좌가 있는 아들의 나라, 다른 말로 하면 영계靈界가 창조된 때를 가리키는 것이다. 영계靈界는 그리스도 예수께서 계시고 천사들이 하나님의 아들을 섬기며 살고 있는 피조계를 말하는 것이다. 그러므로 '영원 전'이라는 말은 '영계'라고 하는 최초의 피조계가 만들어지기 이전以前을 의미하는 것이다.

하나님께서는 영계조차 필요하지 않으시는 유일하신 신神이시다. 이것은 홀로 계신 하나님에 대해서 설명할 때 좀 더 자세하게 다루도록 하겠다. 자존하시는 하나님께서는 오직 하나님만이 가지고 계시는 고유성인데 '자존하신다'라는 의미는 피조되지 않았다는 뜻이요, 다른 말로는 조물주造物主라는 뜻이다. 왜냐하면 영계靈界는 하나님께서 창조하신 최초의 피조물이기 때문이다. 만약에 영계가 피조된 세계가 아니라면 하나님께서는 유일하신 하나님이 아니시다. 하늘의 천사가 지음 받기 그 이전에 영계가 존재한 것이다. 왜냐하면 천사는 영계라는 공간이 반드시 필요하지만 하나님께서는 영계조차 필요 없으신 유일하신 분이시기 때문이다. 만약 하나님조차 영계가 필요하다면 그는 하나님이 될 수 없다. 영계가 오히려 하나님이 될 수 있고 최소한 하나님과 하늘이 동시에 존재했다면 이원적인 하나님이 되고 말 것이다. 영계는 하나님에 의해 하늘에 만들어진 공간이다. 하늘은 허공이라는 뜻이 아니라 토대土臺이다. 토대는 움직이지 않는 반석을 의미한다. 하나님께서 '영계'라는 피조계를 지으신 이유는 하나님의 아들을 위한 것이다.

> **만물**이 그에게 창조되되 하늘과 땅에서 보이는 것들과 보이지 않는 것들과 혹은 보좌들이나 주관들이나 정사들이나 권세들이나 만물이 다 그로 말미암고 그를 위하여 창조되었고 [17]또한 그가 만물보다 먼저 계시고 만물이 그 안에 함께 섰느니라 (골 1:16-17)
>
> **이** 모든 날 마지막에 아들로 우리에게 말씀하셨으니 이 아들을 만유의 후사로 세우시고 또 저로 말미암아 모든 세계를 지으셨느니라 [3]이는 하나님의 영광의 광채시요 그 본체의 형상이시라 그의 능력의 말씀으로 만물을 붙드시며 죄를 정결케 하는 일을 하시고 높은 곳에 계신 위엄의 우편에 앉으셨느니라 (히 1:2-3)

이러한 하나님의 뜻을 모르는 어떤 사람들은 하나님께서 모든 만유를 인간을 위해 지으셨다고 주장하기도 하지만 그것은 성경을 매우 편향되게 이해하는 것이다. 인간도 하나님의 아들을 위하여 창조된 피조물이다. 다시 말하면 인간은 하나님의 아들께서 종의 형체를 가지시기 위하여 필요한 존재이다. 그래서 하나님께서는 인간을 하나님의 형상을 따라 창조하셨다. 인간이 존엄한 이유가 여기에 있다. 다시 말하면 인간이 하나님의 형상을 따라 지음 받았기 때문에 존엄하다는 것이다.

> 하나님이 자기 형상 곧 하나님의 형상대로 사람을 창조하시되 남자와 여자를 창조하시고 (창 1:27)
>
> 너희 안에 이 마음을 품으라 곧 그리스도 예수의 마음이니 ⁶그는 근본 하나님의 본체시나 하나님과 동등됨을 취할 것으로 여기지 아니하시고 ⁷오히려 자기를 비어 종의 형체를 가져 사람들과 같이 되었고 ⁸사람의 모양으로 나타나셨으매 자기를 낮추시고 죽기까지 복종하셨으니 곧 십자가에 죽으심이라 (빌 2:5-8)

인간은 하나님의 아들께서 세상에 오시는 통로이다. 하나님의 아들이 이 땅에 오시는 모든 계획은 하나님께서 영원 전에 세우신 것이다. 다시 말하면 예수 그리스도께서 독생자로서 인자가 되신 것은 아담이 선악과를 먹어서 타락했기 때문에 서둘러 만들어진 계획이 아니라 영계가 만들어지기 그 이전부터 가지고 계신 하나님의 계획이라는 것이다. 하나님께서는 예수께서 오시는 통로로써 창조한 인간을 하나님의 자녀로 삼아 주셨으니 하나님께서는 진실로 사랑이시다(요일 4:8). 영원 전에 유일하신 하나님께서는 많은 것을 계획하시고 아들을 사랑하셨다. 아들은 하나님을 사랑하시므로 겸손하게 인자_{人子}가 되시기를 원하셨으니 하나님과 동등하신 하나님의 아들께서 하나님을 지극히 높여 드리시기를 원하셨기 때문이다.

하나님께서는 아들을 지극히 높여 모든 이름 위에 뛰어난 예수 이름을 주셔서 하늘에 있는 천사들과 땅에 사는 사람들이나 땅 아래 사는 물에 사는 생물들과 이미 땅에 묻힌 죽은 자들이라도 그 이름 앞에 무릎 꿇게 하셔서 하늘과 땅의 모든 권세를 아들에게 주셨다(마 28:18). 그러나 피조물 중에 교만驕慢해져서 스스로 높아지려고 한 천사장 중의 하나인 사단은 하나님의 원수가 되어 맨 밑 구덩이에 빠지게 되었다. 이것이 하나님의 십자가의 도道이다.

이러므로 하나님이 그를 지극히 높여 모든 이름 위에 뛰어난 이름을 주사 [10]하늘에 있는 자들과 땅에 있는 자들과 땅 아래 있는 자들로 모든 무릎을 예수의 이름에 꿇게 하시고 [11]모든 입으로 예수 그리스도를 주라 시인하여 하나님 아버지께 영광을 돌리게 하셨느니라 (빌 2:9-11)

너 아침의 아들 계명성이여 어찌 그리 하늘에서 떨어졌으며 너 열국을 엎은 자여 어찌 그리 땅에 찍혔는고 [13]네가 네 마음에 이르기를 내가 하늘에 올라 하나님의 뭇별 위에 나의 보좌를 높이리라 내가 북극 집회의 산 위에 좌정하리라 [14]가장 높은 구름에 올라 지극히 높은 자와 비기리라 하도다 [15]그러나 이제 네가 음부 곧 구덩이의 맨 밑에 빠치우리로다 (사 14:12-15)

하나님께서는 겸손한 자를 기뻐하시지만 교만驕慢한 자는 대적하신다 (벧전 5:5). 그럼에도 불구하고 많은 그리스도인들이 겸손과 교만驕慢이 무엇인지 알지 못하기 때문에 자기 스스로 겸손과 교만驕慢의 개념을 만들어 버림으로써 성경에서 하나님께서 가르치시고 그리스도 예수께서 보여주신 것을 초월하는 것을 많이 보곤 한다. 겸손은 낮아지는 것을 의미하는데 '낮아진다'라는 것은 자기의 뜻Will을 내세우지 않고 하나님의 말씀에 순종하는 것을 의미한다. 그러므로 겸손은 인간과 인간 사이의 관계를 말하는 것이 아니라 인간과 하나님 사이의 관계를 의미하는 것이다. 하나님께서는 말씀에 순종하는 자를 겸손한 사람으로 여기시고 기뻐하신다. 겸손의 다른 표현은 순종이다. 예수께서 하나님께 겸손하셨기 때문에 하나님의 모든 뜻을 십자가에서 다 이루셨다. 하나님께서는 이렇게 겸손한 그리스도 예수를 가장 기뻐하셨고(마 3:17), 하늘과 땅의 모든 권세를 주셨으며(마 28:18), 부활하게 하셨다(행 3:15).

> **예수께서** 신 포도주를 받으신 후 가라사대 다 이루었다 하시고 머리를 숙이시고 영혼이 돌아가시니라 (요 19:30)
> **조금** 나아가사 얼굴을 땅에 대시고 엎드려 기도하여 가라사대 내 아버지여 만일 할만하시거든 이 잔을 내게서 지나가게 하옵소서 그러나 나의 원대로 마옵시고 아버지의 원대로 하옵소서 하시고 (마 26:39)

'겸손謙遜'은 자기의 원대로 하는 것이 아니라 하나님 아버지께서 원대로 할 수 있도록 자기의 의지를 내어드리는 것이다. 반대로, 교만驕慢은 하나님의 원대로 하지 않고, 하나님의 뜻은 상관하지 않고 오히려 자기의 원대로 하는 것이다. 사람들 사이에서 자기의 주장을 굽히지 않는 것은 성경적인 교만驕慢이 아니다. 겸손이 하나님과 인간의 관계인 것처럼 교만驕慢도 하나님과 인간의 관계이다.

교만驕慢은 하나님의 뜻에 불순종한 것이요, 하나님의 말씀에 불순종하는 것이다. 불순종하는 이유는 자기의 뜻을 하나님의 뜻보다 중요하게 생각하기 때문이요, 하나님의 뜻보다 자기의 감정을 더 중요하게 여기기 때문이요, 세상에서 얻은 자기의 지식을 하나님을 아는 지식보다 더 중요하게 여기기 때문이요, 자기의 뜻에서 나온 믿음을 하나님께서 주신 믿음보다 더 중요하게 여기기 때문이다. 그러므로 교만驕慢한 자는 믿음과 말씀과 능력과 복과 하나님의 의義와 하나님의 기뻐하심이 전무全無하여 그저 수양이나 하는 종교인의 길을 갈 뿐이다.

하나님께서 오히려 말과 행동이 일치하지 않는 교만한 자들을 가증하게 여기고, 역겹게 여기셔서 토하여 내칠 것이다(계 3:16). 말로만 주여, 주여 하는 자들에게 주님께서는 "마귀와 그의 사자들을 위하여 예비된 영영한 불로 들어가라" 하실 것이다. 예수 그리스도는 자존하시는 하나님의 아들이시라도 하나님의 뜻대로 순종하시고 그 뜻을 다 이루시고 하나님의 뜻대로 부활하셨다. 그래서 예수께서는 말씀에 모든 순종하는 자들에게 구원의 근원이 되셨다(히 5:9). 그러므로 겸손하여 하나님의 말씀에 순종하는 사람들만이 하나님께서 약속하신 구원과 영생을 얻을 수 있을 것이지만, 교만驕慢한 사람들은 하나님의 약속과는 상관없이 이 땅이 두루마리 말리듯이 사라질 때 이 땅에 속한 자기들의 신념과 함께 영영한 형벌을 받을 것이다.

그러므로 나의 사랑하는 자들아 너희가 나 있을 때 뿐 아니라 더욱 지금 나 없을 때에도 항상 복종하여 두렵고 떨림으로 너희 구원을 이루라 (빌 2:12)

2 홀로 한 분이신 하나님

'홀로 계신 하나님'이라는 의미는 '자존하시는 하나님'과 같이 이해해야 한다. 말하자면 '홀로 계시다'라는 의미는 '혼자 계신다', '고독하시다'라는 뜻이 아니라 '필요한 것이 없으시다'라는 뜻이다. 하나님께서 홀로 계신 것은 자존하시기 때문이다. 유일하신 하나님께서는 영계가 창조되기 이전부터 계셨다. 그러므로 하나님께서는 공간이 필요 없고, 시간도 필요 없으며, 빛도 필요 없으신 유일하신 분이시다. 영계도 하나님 안에 만들어진 세계요, 우주도 하나님 안에 만들어진 공간이다. 영계는 '하늘'이라는 토대 위에 세워진 영원한 세계이지만 그 역시 창조된 피조물이고, 우주는 하늘 안에 있기는 하지만 토대가 없는 허공이다. 그러므로 하나님께서는 무소부재 하시다. 지옥이라도 모두 하나님 안에 있는 것이다. '지옥'이라는 공간이 하나님 밖에 있는 것이 아니라 하나님 안에 있는 것이다. 하나님께서 지옥 속으로 들어가신다는 뜻이 아니라 모든 만물이 하나님 안에 있다는 뜻이다.

어떤 사람들은 하나님께서 인간에게 영광을 받으시기 위하여 사람을 창조했다고 말한다. 이것도 아주 틀린 말은 아니지만 성경은 어떻게 말하고 있는지 보자.

> 너희가 요한에게 사람을 보내매 요한이 진리에 대하여 증거하였느니라 ³⁴그러나 나는 사람에게서 증거를 취하지 아니하노라 다만 이 말을 하는 것은 너희로 구원을 얻게 하려 함이니라 (요 5:33-34)

우주와 그 가운데 있는 만유를 지으신 신께서는 천지의 주재시니 손으로 지은 전에 계시지 아니하시고 25또 무엇이 부족한 것처럼 사람의 손으로 섬김을 받으시는 것이 아니니 이는 만민에게 생명과 호흡과 만물을 친히 주시는 자이심이라 (행 17:24-25)

태초에 말씀이 계시니라 이 말씀이 하나님과 함께 계셨으니 이 말씀은 곧 하나님이시니라 2그가 태초에 하나님과 함께 계셨고 3만물이 그로 말미암아 지은바 되었으니 지은 것이 하나도 그가 없이는 된 것이 없느니라 4그 안에 생명이 있었으니 이 생명은 사람들의 빛이라 (요 1:1-4)

영광榮光은 하나님의 기쁨義이요, 하나님의 자존심이다. 그러므로 하나님께 영광을 돌린다는 뜻은 하나님께서 기뻐하시는 일을 한다는 뜻이요, 하나님의 자존심을 나타내고 높여 드린다는 뜻이다. 예수께서 하나님 아버지께 영광을 돌려 드리고 아버지를 높여 드린 방법은 오직 순종함이다.

내가 내 자의로 말한 것이 아니요 나를 보내신 아버지께서 나의 말할 것과 이를 것을 친히 명령하여 주셨으니 50나는 그의 명령이 영생인줄 아노라 그러므로 나의 이르는 것은 내 아버지께서 내게 말씀하신 그대로 이르노라 하시니라 (요 12:49-50)

하나님께서 그리스도 예수에게 하신 말씀은 "저는 내 사랑하는 아들이요 내 기뻐하는 자라"이다. 이 말씀은 한 번은 요단강에서 침례를 받으실 때 하셨고(마 3:17), 다른 한 번은 변화산에서 영광받으실 때 하셨다(마 17:5). 오직 하나님의 아들이신 예수 그리스도만이 하나님을 영화롭게 하시고, 성령님만이 하나님을 영화롭게 하신다. 하나님께서 영광이 부족하거나 필요한 무엇이 있으셔서 사람에게 받으시는 분이 아니라는 것을 명심해야 한다(행 17:25). 하나님께서는 항상 자기의 일을 하시는 분이시며 홀로 계신 분이시다. 다시 말하면 하나님께서는 사람들이 섬겨주지 않아도 아쉬운 것이 없으시고, 사람들이 영광을 드려야 만족하실 만큼 영광이 부족한 것도 아니다. 영광은 본래 하나님의 빛을 말하는 것으로써 하나님의 빛은 태양 빛처럼 창조된 것이 아니라 영원 전부터 하나님께서 가지고 계신 조물주의 빛이다. 이 빛에는 생명이 있다. 그러므로 사람들이 하나님께 영광을 드릴 수 있는 것도 하나님으로부터 영광을 보고 받은 것을 하나님께 돌려드릴 수 있는 것이다.

하나님께서는 사람의 증거를 받지 않으신다. 그러므로 사람이 전도하는, 말하자면 복음을 중재하는 것도 성령으로 해야 한다. 부활하신 예수 그리스도께서 제자들에게 예루살렘을 떠나지 말고 먼저 약속하신 성령을 받으라 하신 이유도 동일하다. 사람이 자의로 하는 증거는 사람들이 듣고 구원을 얻을 수는 있겠으나 그리스도 예수께서 인정하시는 증거는 아니다. 이미 알고 있는 성경이라고 생각하여 겉 넘지 말고 겸손하게 꼼꼼하게 읽자.

> 그러나 나는 사람에게서 증거를 취하지 아니하노라 다만 이 말을 하는 것은 너희로 구원을 얻게 하려 함이니라 35요한은 켜서 비춰는 등불이라 너희가 일시 그 빛에 즐거이 있기를 원하였거니와 36내게는 요한의 증거보다 더 큰 증거가 있으니 아버지께서 내게 주사 이루게 하시는 역사 곧 나의 하는 그 역사가 아버지께서 나를 보내신 것을 나를 위하여 증거하

는 것이요 [37]또한 나를 보내신 아버지께서 친히 나를 위하여 증거하셨느니라 너희는 아무 때에도 그 음성을 듣지 못하였고 그 형용을 보지 못하였으며 (요 5:34-37)

    하나님께서는 자존하시며 홀로 계신 유일하신 분이다. 거듭 설명하거니와 유일하심이란 하나님만이 가지고 계시는 고유성固有性을 뜻한다. 그러므로 자존하지 않고, 홀로 계시지 않으면 하나님이 될 수 없다. 천사라도 영계라는 공간은 반드시 필요한 존재요, 영계가 먼저 창조된 후에 창조된 존재이므로 시작한 날이 있는 존재이다. 그러므로 천사와 귀신은 비록 영적인 존재라고 하더라도 절대로 하나님이 아니다. 그렇기 때문에 그들은 전지전능全知全能하지 않고 무소부재無所不在하지도 않는다. 사단과 그의 졸개들은 그저 토대가 없는 허공에 매달려 있는 지구 안에서, 혹은 허공만 가득한 우주의 권세만 있을 뿐이다.

    하나님께서는 영원하신 토대이시다. 예수 그리스도는 믿음을 반석(페트라πέτρα)이라고 칭하셨다(마16:18). 여기서 말하는 반석은 영원하신 하나님께서 알려주신 말씀을 가리키는 것이다. 홀로 계신 하나님께서는 우주의 그 어떤 것도 필요하지 않으시고 취取하지도 않으신다. 하나님께서는 영계의 것도 필요하지 않으신 분이신데 하물며 허공인 우주의 것을 말해 무엇하겠는가! 자존하시고 홀로 계신 하나님이 우리 아버지이시다.

3 본체의 형상을 가지신 하나님

하나님께서는 영이시고(요 4:24) 천사도 영이다. 영霾은 물질이 아니고 형상도 없다. 그러나 하나님만이 유일하게 본체의 형상을 가지고 계신다. 천상천하의 그 어떤 신神도 형상을 가지고 있지 않다. 그저 사람들이 자기의 마음대로 신의 형상을 만들어 낼 뿐이고 그것을 우상이라고 부른다. 천사도 본체가 없기 때문에 때로는 바람으로, 때로는 불꽃으로 나타나기도 하며 때로는 사람의 모양으로 현현하기도 한다.

> **또** 천사들에 관하여는 그는 그의 천사들을 바람으로 그의 사역자들을 불꽃으로 삼으시느니라 하셨으되 (히 1:7)
>
> **날이** 저물 때에 그 두 천사가 소돔에 이르니 마침 롯이 소돔 성문에 앉았다가 그들을 보고 일어나 영접하고 땅에 엎드리어 절하여 ²가로되 내 주여 돌이켜 종의 집으로 들어와 발을 씻고 주무시고 일찌기 일어나 갈 길을 가소서 그들이 가로되 아니라 우리가 거리에서 경야하리라 ³롯이 간청하매 그제야 돌이켜서 그 집으로 들어 오는지라 롯이 그들을 위하여 식탁을 베풀고 무교병을 구우니 그들이 먹으니라 (창 19:1-3)

그러나 우리 하나님께서는 본체가 있으시고, 그 형상이 있으시다. 그것을 믿는 것이 우리의 믿음이다. 예수 그리스도는 근본 하나님의 본체시요, 하나님의 형상이시며 인간이 눈으로 볼 수 있는 하나님의 본체의 형상이시다.

너희 안에 이 마음을 품으라 곧 그리스도 예수의 마음이니 ⁶그는 근본 하나님의 본체시나 하나님과 동등됨을 취할 것으로 여기지 아니하시고 (빌 2:5-6)

이 모든 날 마지막에 아들로 우리에게 말씀하셨으니 이 아들을 만유의 후사로 세우시고 또 저로 말미암아 모든 세계를 지으셨느니라 ³이는 하나님의 영광의 광채시요 그 본체의 형상이시라 그의 능력의 말씀으로 만물을 붙드시며 죄를 정결케 하는 일을 하시고 높은 곳에 계신 위엄의 우편에 앉으셨느니라 (히 1:2-3)

그는 보이지 아니하시는 하나님의 형상이요 모든 창조물보다 먼저 나신 자니 (골 1:15)

그 중에 이 세상 신이 믿지 아니하는 자들의 마음을 혼미케 하여 그리스도의 영광의 복음의 광채가 비취지 못하게 함이니 그리스도는 하나님의 형상이니라 (고후 4:4)

우리의 믿음은 예수 그리스도를 하나님의 본체의 형상으로 믿는 것이다. 이것을 믿지 않는 자들은 적그리스도요, 영지주의자들이다. A.D 313년에 로마의 콘스탄틴 황제가 칙령(밀라노 칙령)을 반포함으로써 그리스도인들의 핍박이 끝나게 되었다. 그러나 초기 그리스도인들은 자신들이 목숨을 걸고 믿었던 예수가 누구신지 알지 못했다. 다시 말하면 예수 그리스도는 하나님이신지 아니면 사람인지, 그것도 아니면 제3의 존재인 반신반인^{半神半人}인지 알 수가 없었다. 그때는 아직 신약성경이 정경으로 정리되기도 전의 일이다. 그래서 그들은 각자가 믿는 예수 그리스도에 대해서 정의하기 시작했다. 여기서 많은 이단들과 영지주의자들이 출현하게 되었다. 그러나 이러한 영적인 혼란은 지금도 여전한 것 같다. 그리스도 예수께서 어떻게 하나님이면서 사람이 될 수 있는가에 대한 해답을 성경에서 찾지 못하면 우상 숭배하는 자들과 다를 바가 없게 된다. 하나님께서는 영이시다.

앞에서 말한 것처럼 영靈이란 본래 물질이 아니어야 하고 형상이 있어서는 안 된다. 그러나 하나님만이 형상을 가지신 영이시고, 영이신 하나님께서 사람과 같이 물질처럼 나타나셨으나 그의 몸의 재료는 물질인 흙이 아니라 영이신 말씀이다. 영은 죽을 수 없지만, 그럼에도 불구하고 예수 그리스도의 육체는 십자가에서 피 흘려 죽으셨다. 하나님께서는 생명만이 충만한 분이시지만 하나님의 아들 그리스도 예수는 못 박히고 창에 찔려 죽임을 당했다. 이 복음은 영원 전부터 하나님께서 계획하신 뜻이다. 하나님의 계획을 실현하기 위해서 하늘에 영계를 지으시고 음부라는 허공을 지으셨고 허공 안에 만물을 지으시고 마침내 사람을 지으셨으니 사람은 그리스도 예수의 오시는 길을 예비한 존재이다. 그러다가 예수 그리스도께서 마침내 사람의 태에서 태어나셨으나 사람의 육체와는 무관하게 말씀이 잉태되신 것이다.

이러한 비과학적이고 비상식적인 것을 믿는 것이 그리스도인이 가지고 있는 믿음이다. 세상 사람들은 그리스도인들이 지식이 없고 맹목적이라고 비난하겠지만 이러한 믿음은 구원을 얻은 그리스도인들에게는 하나님의 능력이다. 세상 사람들은 이러한 사실을 절대로 받아들이지 않는다. 그럴지라도 그리스도인은 목숨을 내놓고서라도 이 사실에 대하여 증거하는 사람들이다. 예수 그리스도께서 십자가에서 죽으신 것은 육체가 죽으신 것이요, 영으로는 오히려 사셨다. 예수 그리스도의 복음을 받아들이지 않는 사람은 육체는 여전히 살 것이지만 그 영은 오히려 죽을 것이다.

그리스도께서도 한번 죄를 위하여 죽으사 의인으로서 불의한 자를 대신하셨으니 이는 우리를 하나님 앞으로 인도하려 하심이라 육체로는 죽임을 당하시고 영으로는 살리심을 받으셨으니 (벧전 3:18)
한번 죽는 것은 사람에게 정하신 것이요 그 후에는 심판이 있으리니 (히 9:27)

예수 그리스도는 하나님의 본체의 형상이시며 하나님의 의도意圖이다. 사람의 눈으로는 하나님의 본체를 볼 수 없고 오직 하나님의 본체의 형상만 볼 수 있을 뿐이다. 왜냐하면 하나님의 본체는 영원 전, 그러니까 영계가 생기기 이전에 계셨던 유일하신 하나님이기 때문이다.

본래 하나님을 본 사람이 없으되 아버지 품속에 있는 독생하신 하나님이 나타내셨느니라 (요 1:18)
이는 아버지를 본 자가 있다는 것이 아니라 오직 하나님에게서 온 자만 아버지를 보았느니라 (요 6:46)

우리가 죄에서 구원받고, 율법에서 구원받고, 사망에서 구원받을 수 있는 이유가 하나님께서는 본체의 형상을 가지셨기 때문이다. 말하자면 예수 그리스도께서 나 대신 죽으러 이 땅에 오심으로써 구원받았다는 것이다. 이것을 인정하는 사람이 그리스도의 사람이요, 인정하지 않는 사람은 불신자요, 적그리스도이다.

세상 종교는 이것을 인정하지 않는다. 세상 종교는 인간이 신神을 위하여 희생을 드린다. 오직 기독교만驕慢이 신神이 인간을 위하여 자기를 단번에 희생 제물로 하나님께 드려서 구원하셨다. 기독교가 세상 종교와 구별되는 가장 핵심이 되는 사건이 십자가 복음이다. 마귀는 그리스도인이 되지 못하도록 세상의 지식을 사용하여 신은 형상을 가질 수 없다는 생각을 집어넣는 방법을 사용한다. 그러나 성경에서 가르치는 복음은 그리스도는 하나님의 형상이라는 것이다. 이것을 믿지 않는 자는 멸망할 자이다.

> **만일 우리 복음이 가리웠으면 망하는 자들에게 가리운 것이라** ⁴그 중에 이 세상 신이 믿지 아니하는 자들의 마음을 혼미케 하여 그리스도의 영광의 복음의 광채가 비춰지 못하게 함이니 그리스도는 하나님의 형상이니라 (고후 4:3-4)

하나님께서 하나님의 본체의 형상이신 그리스도 예수를 이 땅에 보내신 것은 하나님의 뜻을 이루려 하심이고 복음은 하나님의 뜻이다.

4 무소부재(無所不在)하신 하나님

　많은 사람들은 '하나님께서는 과연 무소부재하시다'라는 명제에 대하여 의문을 갖는다. 그러면서 "하나님께서는 바위 속에도 계시며 지옥에도 계시는가?"라는 질문을 던지기도 한다. 필자는 이러한 질문들을 하는 것은 하나님에 대한 지식이 전무全無하기 때문이라고 생각한다. 앞에서 말한 것처럼 하나님께서는 영원 전, 그러니까 최초의 피조물인 영계가 있기 전부터 스스로 계셨다. 하나님께서는 영이신데 영은 허공이나 공간을 의미하는 것이 절대로 아니다. 하나님께서 자존하실 때, 말하자면 영계조차도 창조되기 이전에 하나님만이 계셨고 하나님만이 계실 때 하나님께서는 영계를 창조하셨다.

　그렇다면 하나님께서는 영계를 어디에 창조하셨을까 생각해보자. 그러면 그것은 너무나 당연하게 하나님의 일부분에 영계를 창조하셨을 것이다. 하나님밖에 영계라는 곳이 있다면 이것은 상당한 모순이 생기는 것이다. 이와 같이 우주라는 공간도 하나님의 일부분에 창조하신 것이다. 그러므로 영계 "아들의 나라'라고도 하고 '아버지의 집'이라고 한다"와 우주는 모두 하나님 안에 있는 것들이다. 그러므로 하나님께서는 영계와 우주 안에 무소부재하신다.

　어떤 신흥 사이비似而非 종교 집단에서는 이 지구에서 영원히 살 것처럼 사람들을 미혹하지만 이 우주라는 허공은 언젠가는 두루마리 말리듯이 말려서 아주 작은 공간이 될 것이다. 현대 천체 물리학에서 말하는 132억년 전 빅뱅이 일어나기 전의 상태로 돌아가게 될 것이다.

> 그러나 주의 날이 도적같이 오리니 그 날에는 하늘이 큰 소리로 떠나가고 체질이 뜨거운 불에 풀어지고 땅과 그 중에 있는 모든 일이 드러나리로다 [11]이 모든 것이 이렇게 풀어지리니 너희가 어떠한 사람이 되어야 마땅하뇨 거룩한 행실과 경건함으로 [12]하나님의 날이 임하기를 바라보고 간절히 사모하라 그 날에 하늘이 불에 타서 풀어지고 체질이 뜨거운 불에 녹아지려니와 (벧후 3:10-12)

'체질'이라고 번역된 헬라어 '스토이케이온$_{\sigma\tauο\iota\chi\varepsilon\tilde{\iota}ο\nu}$'은 '원소'의 의미를 가지고 있다. 그래서 성경은 우주의 모든 원소들은 뜨거운 불에 녹아질 것이라고 가르치고 있다. 그러나 이것은 우주가 없어진다는 것이 아니라 아주 작아지게 되어서 마귀와 그의 사자들과 마귀에게 속한 불신자들도 거기서 영원한 형벌을 받게 될 것이다. 이곳을 지옥이라고 부르는 것이다. 이와 같이 지옥은 하나님의 아주 작은 일부분이고 그렇기 때문에 하나님의 권세 아래 있는 것이다. 요컨대 영계와 우주는 하나님의 일부분에 창조된 것이기 때문에 하나님께서는 영계와 우주에 대하여 무소부재하신다. 이것을 비유로써 예를 들어 그림으로 설명하면 다음과 같다.

사실 우주는 영계에 비하면 점과 같이 작은 공간에 불과하다. 우주의 크기에 대해서는 학설이 많이 있다. 138억 광년이라는 주장도 있으나 현재는 465억 광년이라는 학설이 유력하다. 광년光年의 개념은 빛의 속도(300,000Km/s)로 1년 동안 가는 거리를 의미한다. 이 빛의 속도로 가면 1초에 지구 일곱 바퀴 반을 돌고, 지구에서 태양까지 약 8분 정도 걸린다고 한다. 빛은 현재까지 발견된 물질 중에 가장 빠르다. 빛의 속도로 465억 년을 가야 할 만큼 우주는 넓지만 그래도 영계에 비하면 점点과 같이 작은 공간일 뿐이다. 그렇게 넓은 영계도 하나님에 비하면 점과 같이 작은 공간일 뿐이다. 이와 같이 하나님께서는 만유보다 크신 분이시다.

저희를 주신 내 아버지는 만유보다 크시매 아무도 아버지 손에서 빼앗을 수 없느니라 (요 10:29)

'만유'라고 번역된 헬라어 '판톤$_{πάντων}$'은 영계와 우주를 모두 포함하고 있는 단어이다. 이 단어는 창세기 1장 1절에 기록된 "태초에 하나님이 천지를 창조하시니라"에서 '천지'라고 사용되었다. 앞에서 강조했거니와 영계가 아무리 클지라도 하나님에 비하면 점과 같고, 우주는 영계에 비하면 점과 같으며 지구는 우주에 비하면 점과 같다. 사람은 지구에 비하면 점과 같다. 그러므로 하나님의 아들이신 예수 그리스도께서 사람이 되어 이 땅에 오셨다는 것은 실로 엄청난 일이며, 하나님께서 보시기에 지극히 겸손하신 것이다. 하나님의 아들이신 예수 그리스도께서 사람이 되신 것만 해도 겸억(謙抑: 매우 겸손하심을 의미)하신 것인데 하나님의 뜻대로 순종하여 십자가에 죽으신 것은 우주가 없어지는 것은 비교조차 되지 못하는 실로 엄청난 사건이다. 영원 전에는 하나님과 함께 무소부재 하신 예수 그리스도께서 십자가에 죽으신 사건은 하나님께서 죽으셨다는 뜻이 아니라 삼위 중 일위가 되시는 아들의 몫으로 할당된 조물주의 생명이 죽으셨다는 뜻이다.

> **미리 보는** 고로 그리스도의 부활하심을 말하되 저가 음부에 버림이 되지 않고 육신이 썩음을 당하지 아니하시리라 하더니 [32]이 예수를 하나님이 살리신지라 우리가 다 이 일에 증인이로다 (행 2:31-32)

피조물인 사람을 위하여 우주보다 더 크시고 영계보다 더 크신 하나님의 아들이 죽으신 것이다. 죽음은 종결$_{終結}$을 의미한다. '사람의 육체의 죽음은 육체가 가지고 있는 모든 혈과 육이 함께 끝난다. 하늘나라는 육체가 가지고 있는 혈과 육을 가지고 들어가지 못한다.' 그래서 하나님의 아들이 죽으신 것은 삼위 중 일위가 되시는 아들의 생명은 영원히 끝나고, 그때부터 예수 그리스도께서는 하나님 아버지를 의지하여, 말하자면 하나님 아버지의 생명으로 살게 된 것이다. 하나님 아버지의 생명을 영생이라고 부른다. 그러므로 영생은 피조된 생명의 연장이 아니라 조물주의 생명으로 사는 것이다. 성경은 이것을 다른 표현으로는 '하나님의 자녀가 되었다'라고 기록하고 있다.

그리스도인들이 예수 그리스도를 믿음으로 구원을 얻는 최종적인 목표는 영생이다. 말하자면 구원을 이루는 완성은 영생이라는 것이다. 천사들도 영원히 살지만 그들은 영생이 아니라 피조된 생명의 연속성일 뿐이고 믿음의 그리스도인들이 천국에서 영생하는 것은 조물주의 생명으로 사는 것이다. 그러므로 구원받은 성도들이 천국에서 영생하는 생명의 질質은 종의 신분인 천사들과는 비교조차 할 수 없는 것이다. 하나님께서는 만유보다 크신 조물주시요, 만유가 있기 전부터 계신 자존하시는 조물주시요, 필요한 것이 없으신 홀로 계시는 분이시다.

5 하나님은 사랑이시다

> 사랑하는 자들아 우리가 서로 사랑하자 사랑은 하나님께 속한 것이니 사랑하는 자마다 하나님께로 나서 하나님을 알고 [8]사랑하지 아니하는 자는 하나님을 알지 못하나니 이는 하나님께서는 사랑이심이라 (요일 4:7-8)

하나님의 모든 역사의 시작은 사랑으로 말미암았다. 어떤 사람들은 사랑을 실천하기 위해서 많은 노력을 하지만 사람의 한계는 사랑할 수 없는 존재라는 것이다. 다시 말하면 본질상 사랑은 신神의 성품이기 때문에(벧후 1:4-7) 유일하게 하나님만이 하실 수 있는 조물주의 성품이 사랑이다.

많은 사람들이 고전 13장을 '사랑 장章'이라고 부른다. 그래서 많은 그리스도인들이 사랑하려고 노력하지만 번번이 실패한다. 고전 13장은 하나님만이 하실 수 있는 사랑에 대해서 기록한 것이다. 모성母性을 가진 어머니라 할지라도 그러한 사랑을 할 수 없다. 오직 하나님께서만이 가지고 계시고, 하실 수 있는 사랑이다. 인간들이 생각하는 사랑은 100% 혼에 속한 감정이다. 매스컴에 보면 영화배우나 탤런트들이나 혹은 가수들이 결혼을 하면서 평생 변하지 않고 해로偕老할 것처럼 요란하게 떠들지만 그들이 말하는 사랑은 10년도 지나지 않아서, 어떤 부부는 3년도 같이 살지 못하고 이혼하는 것을 종종 보게 된다. 그러나 성경에서 말하는 신의 성품인 사랑은 영원히 변하지 않는 것이다.

사랑은 언제까지든지 떨어지지 아니하나 예언도 폐하고 방언도 그치고 지식도 폐하리라 (고전 13:8)

어떤 사람들은 사랑을 실천하기 위하여 많은 재물로써 구제 사업도 펼치기도 하지만 성경은 밝히 말하기를 구제를 할지라도 사랑이 없으면 아무것도 아니라고 한다.

내가 내게 있는 모든 것으로 구제하고 또 내 몸을 불사르게 내어줄지라도 사랑이 없으면 내게 아무 유익이 없느니라 (고전 13:3)

영원 전, 하나님께서는 아들을 위하여 영계를 창조하시고 상속하시려는 계획을 가지셨다. 그 계획의 시작은 아들을 지극히 사랑하시는 사랑으로 말미암았다. 그때는 영계도 아직 창조되지 않은 때요, 너무나 당연하게 천사들조차 지음을 받지 않을 때이다. 하나님께서는 아들을 지극히 사랑하시는 사랑으로 말미암아 하나님의 품속과 방불한 영광이 가득한 세계를 지으시고 아들의 나라로 상속하시며, 아들이 영영히 그곳에서 섬김을 받으시게 하시려는 계획을 가지셨다. 그러나 겸손하신 하나님의 아들께서 하나님을 지극히 사랑함으로써 하나님과 동등 됨을 취하지 않으시고 인자人子로서 하늘을 상속하시려고 하셨다. 하나님의 아들께서 겸손해지신 근본적인 이유는 하나님을 사랑하는 사랑이었다.

이렇게 하나님 아버지와 아들은 서로 사랑함으로써 서로를 지극히 높여 드리기를 원하신 것이다. 하나님께서 이러한 아들의 사랑을 크게 기뻐하시고 그것을 의義로 여기시고 뜻意으로 삼으셨으니 하나님의 뜻은 영원히 변하지 않는 공의公義가 되신 것이다. 하나님의 의義는 하나님의 기쁨이요, 사랑이요, 자비하심이요, 긍휼하심이다. 하나님의 공의는 하나님의 의義에서 나온 변하지 않는 하나님의 영원하신 경륜이다. 그러므로 죄인을 심판하시려는 하나님의 공의가 있을지라도 죄인이 회개할 때에는 하나님의 의義가 작동되어 심판하지 않고 용서해 주신다. 이러한 하나님의 의義는 하나님의 사랑으로 말미암은 것이다. 하나님께서는 오직 사랑이시다(요일 4:8).

> 주 여호와의 말씀에 나의 삶을 두고 맹세하노니 나는 악인의 죽는 것을 기뻐하지 아니하고 악인이 그 길에서 돌이켜 떠나서 사는 것을 기뻐하노라 이스라엘 족속아 돌이키고 돌이키라 너희 악한 길에서 떠나라 어찌 죽고자 하느냐 하셨다 하라 (겔 33:11)

지금 우리가 살고 있는 시대를 소위 '은혜시대'라고 한다. 은혜는 하나님의 사랑으로 말미암은 사건이다. 어떤 사람들은 '불신자가 지옥에 간다'는 것을 두고 하나님께서는 사랑이 아니라고 말하기도 한다. 그러나 이것은 하나님을 크게 오해하는 것으로써 하나님께서 지옥을 보내는 것이 아니라 사람들이 스스로 선택해서 가는 것이요, 하나님께서는 오직 복과 생명을 주시기를 원하실 뿐이다.

> 내가 오늘날 천지를 불러서 너희에게 증거를 삼노라 내가 생명과 사망과 복과 저주를 네 앞에 두었은즉 너와 네 자손이 살기 위하여 생명

을 택하고 [20]네 하나님 여호와를 사랑하고 그 말씀을 순종하며 또 그에게 복종하라 그는 네 생명이시요 네 장수시니 여호와께서 네 열조 아브라함과 이삭과 야곱에게 주리라고 맹세하신 땅에 네가 거하리라 (신 30:19-20)

불신자들이 사망을 택해서 지옥에 가는 것을 잘 이해할 필요가 있다. 말하자면 하나님께서 불신자들을 괘씸하게 여겨서 지옥에 보내는 것이 아니라는 것이다. 지옥은 죽은 자를 장사葬事 지내는 무덤과 같은 곳이기 때문에 하나님께서는 죽은 자를 장사 지내는 것이다. 모든 부모들은 자녀들을 사랑한다. 그러나 아무리 자녀를 사랑해도 죽은 자녀와 함께 지내는 부모는 없다. 심장을 도려내는 아픔이 있어도 죽은 자녀를 장사 지내고 땅에 묻는 것과 같은 이치이다. 하나님의 사랑을 인정하지 않는 사람은 짐짓 죄를 범하는 사람이다. 철없는 어린아이들이 부모의 가슴에 못질을 하는 말을 일부러 하기도 하는데 그 목적은 자기를 낳아준 부모의 마음을 아프게 하는 것뿐이다.

필자가 지금 신앙생활을 하자는 것은 하나님의 사랑을 받자는 것이라고 주장하는 것이다. 전도는 하나님의 사랑을 받으라고 전하는 것이다. 다시 말하면 전도는 하나님의 사랑을 받을 수 있는 방법, 즉 말씀에 순종하자고 설득하는 것이다. 어떤 이들은 자기는 말을 잘하지 못하기 때문에 전도하지 못한다고 한다. 그러나 이는 전도傳道를 전혀 이해하지 못하는 것이다. 전도는 하나님의 사랑을 받으라고 말하는 것이다. 그렇기 때문에 아무리 말에 능하지 못하더라도 하나님의 사랑을 받으라는 말은 할 수 있지 않을까?

전도는 하나님의 사랑을 받아본 사람만이 할 수 있는 것이다. 사랑은 사람의 감정이 아니다. 사람의 감정은 변하지만 사랑은 언제까지 변하지 않는 신의 성품이다. 하나님의 자녀가 되었으면 신의 성품에 참예하는 사람이 되어야 한다. 이것은 강제 조항이 아니라 자연스러운 순서이다.

> **이**로써 그 보배롭고 지극히 큰 약속을 우리에게 주사 이 약속으로 말미암아 너희로 정욕을 인하여 세상에서 썩어질 것을 피하여 신의 성품에 참예하는 자가 되게 하려 하셨으니 [5]이러므로 너희가 더욱 힘써 너희 믿음에 덕을 덕에 지식을, [6]지식에 절제를 절제에 인내를, 인내에 경건을, [7]경건에 형제 우애를, 형제 우애에 사랑을 공급하라 (벤후 1:4-7)

6 의(義)와 공의(公義)

의義와 공의公義는 만유가 있기 전부터 하나님의 사랑으로 말미암았다. 의義는 만유의 시작을 의미하는 것이요, 공의公義도 시작을 말하는 것이다. 그러므로 의義와 공의公義가 되기 위해서는 만유보다 먼저 있어야 하는 조건을 충족시켜야 한다.

오늘날 많은 사람들이, 심지어 목회자라고 하는 자들이 교회에서 사회정의를 실현하려고 한다. 이러한 자들은 양의 탈을 쓴 이리 같은 자들로써 하나님의 피로 산 양들을 잡아먹는 자들이다. 이 같은 자들에게 맹목적으로 동조하는 사람들은 자기들의 영혼을 담보로 저지르는 무지한 자들이요, 그 무지無智 때문에 그의 영혼은 망할 것이다(호 4:6). 세상에서 말하는 정의는 법과 사회규범을 말하는 것으로써 윤리와 도덕적인 것을 포함한다. 필자도 그것을 부정하지 않는다. 사회에서는 법도 필요하고 규범도 필요하다. 세상이라는 것은 토대 없이 우주라는 허공 안에 매달려 있는 한시적인 것뿐이다.

인류 최초의 성문법은 BC 1792~1750 고대 바벨로니아 왕인 함무라비에 의해 제정된 함무라비 법전인데 지금으로부터 약 3800년 전에 만들어졌다. 사회적 정의라고 하는 것은 법에 근거하는 것인데 그 사회법은 고작 3800년밖에 되지 않았다. 그 전에도 사람들이 살았으나 사회정의는 실현되지 않았다. 지금도 헌법과 수많은 법령들이 시행되고 있고, 정부 부처의 시행규칙과 각 지방단체들이 제정한 조례까지 따지면 셀 수도 없을 만큼 많은 사회정의를 실현하고자 하는 법들이 있다. 그러나 사회정의는 여전히 실현되지 않고 있고 권모와 술수와 탈법과 위법이 난무하는 실정이다.

우주라고 부르는 허공에는 의義와 공의公義가 없다. 더욱이 교회는 예수 그리스도의 몸으로써 이 땅에 있으나 하늘에 속한 것이다(엡 1:23). 이를테면 치외법권 같은 개념이다. 교회에서 사회정의를 실현하려는 사람들은 성경을 하나님의 말씀으로 인정한다고 하지만 그 권위는 무시하고 있기 때문에 하나님의 공의公義를 두려워하지 않고 하나님의 의義를 힘입으려고 하지 않는 것이다. 겸손하게 교회가 무엇인지 성경을 상고해 보자.

> 그 능력이 그리스도 안에서 역사하사 죽은 자들 가운데서 다시 살리시고 하늘에서 자기의 오른편에 앉히사 21모든 정사와 권세와 능력과 주관하는 자와 이 세상뿐 아니라 오는 세상에 일컫는 모든 이름 위에 뛰어나게 하시고 22또 만물을 그 발 아래 복종하게 하시고 그를 만물 위에 교회의 머리로 주셨느니라 23교회는 그의 몸이니 만물 안에서 만물을 충만케 하시는 자의 충만이니라 (엡 1:20-23)

교회는 예수 그리스도의 몸이고, 교회의 머리는 예수 그리스도이시다. 이 땅에서 다수가 혹은 공공公共이 원하는 정의正義로 예수 그리스도를 초월하려고 하는가? 고작 3800년 된 실정법이 영원 전부터 계신 예수 그리스도 위에 있는 법인가? 교회는 오직 예수 그리스도의 통치를 받는 그리스도의 몸이다. 예수 그리스도의 교회는 세상의 권세의 영향력이 미치지 않고 오직 절대 주권자이신 하나님의 진리만이 충만한 곳이다.

예수께서 대답하여 가라사대 바요나 시몬아 네가 복이 있도다 이를 네게 알게 한 이는 혈육이 아니요 하늘에 계신 내 아버지시니라 ¹⁸또 내가 네게 이르노니 너는 베드로라 내가 이 반석 위에 내 교회를 세우리니 음부의 권세가 이기지 못하리라 (마 16:17-18)

하나님께서 알게 하신 믿음 위에 세워진 교회란 음부의 권세가 이기지 못하는 예수 그리스도의 몸이다. 예수 그리스도는 근본 하나님의 의義요, 이 땅에 나타나실 때에는 하나님의 공의公義다. 요컨대 하나님의 정의正義는 예수 그리스도이다. 하나님의 정의는 예수 그리스도께서 그의 사랑하는 성도들을 데리러 이 땅에 재림하실 때 비로소 실현될 것이다. 그러므로 정의가 당장 눈앞에서 실현되지 않는다고 해도 조급해 할 필요가 없다. 우리는 이 땅을 사는 육체도 있지만 천국과 지옥에 갈 영혼도 있다. 영혼과 육체를 분리하자는 뜻이 아니라 기능적인 역할을 한다는 것이다. 말하자면 마치 영혼이 없는 사람들처럼 육체에 집착하지 말고, 육체와 함께 흙으로 지어진 감정에 집착하지 말고 하나님의 통치, 곧 말씀을 기다리자는 것이다.

말씀을 초월하여 감정에 치우치면 그것이 욕심이 되어 자기가 우상을 만들어 섬김으로써 하나님으로부터 스스로 떠나게 된다. 이스라엘이 광야에서 모세가 하나님의 말씀을 받으러 시내산에 올라갔을 때 말씀을 기다리지 못하고 자기들의 지식과 감정을 따라 '금송아지'라는 하나님을 만들어냈다. 그리고 그것을 보고 춤추며 즐거워했다. 하나님의 정의는 하나님의 말씀이다.

나를 저버리고 내 말을 받지 아니하는 자를 심판할 이가 있으니 곧 나의 한 그 말이 마지막 날에 저를 심판하리라 (요 12:48)

살리는 것은 영이니 육은 무익하니라 내가 너희에게 이른 말이 영이요 생명이라 (요 6:63)

시대와 지역마다 변하고 달라지는 개념의 정의正義를 그리스도 예수의 몸인 교회에서 실현하려고 하는 자들은 교회를 타락시키려는 자들일 것이다. 세상적인 용어로 정의Justice요, 영적인 용어로는 의義 또는 공의公義는 영원 전부터 하나님께서 가지신 기쁨이요, 뜻意이다. 말씀은 하나님의 뜻이 구현되어 실상이 된 것이다.

하나님의 의義는 하나님의 기쁨이요, 하나님께서 인간들을 위해 이 땅에 주신 믿음이요, 예수 그리스도시요, 말씀이요, 하나님의 자존심이요, 하나님의 공로요, 원래 있던 곳으로 돌아가는 것이다. 하나님의 의義는 만물이 있기 그 이전부터 있는 시작을 의미하는 것이다. 하나님의 의義는 모든 것을 판단하는 기준이기 때문에 하나님의 의義만이 의義다. 진리는 하나님의 의義이다. 이 세상의 도덕과 윤리와 법은 의義가 아니므로 정의도 아니다. 시대에 따라 다르고, 동서양에 따라 다른 것은 변하는 것이므로 진리가 아니요, 의義도 아니다. 심지어는 사람마다 그 잣대(기준)가 다른 것을 어찌 정의라고 할 수 있겠는가! 하나님의 의義는 하나님의 사랑으로부터 시작된 하나님의 기쁨이다. 그러므로 하나님의 의義는 하나님의 사랑과 기쁨을 초월하지 않는다.

의와 공의가 주의 보좌의 기초라 인자함과 진실함이 주를 앞서 행하나이다 (시 89:14)

의義는 하나님의 인자하심으로 베푸시는 은혜요, 공의는 행한대로 갚아주는 것을 뜻한다. 다시 말하면 공의公義라는 개념은 잘한 자에게는 상을 주고 잘못한 자에게는 벌罰로써 보응하는 것이다. 만약 하나님의 의義는 없고 공의만 있었다면 모든 인류는 모두 지옥의 형벌을 피할 수 없었을 것이다. 죄의 삯은 사망이기 때문에 죄를 지은 인류는 그의 보응을 지옥에서 받아야 하는 것이다. 그러나 하나님의 의義가 하나님의 공의公義보다 더 크신 하나님의 사랑이다.

어떤 사람은 주일 예배 때 기도하기를 "공의로우신 여호와 하나님, 우리에게 은혜를 베풀어 주소서"라고 한다. 이것은 아무 뜻도 모르고 말하는 정신없는 기도이다. 예컨대 검사는 은혜를 베풀지 않고 공소公訴를 제기하여 처벌을 받게 할 뿐이므로 검사에게 있어서 선처는 그저 적은 형량만을 기대할 뿐이다. 공의는 은혜를 베풀지 않는 것임을 반드시 이해해야 한다. 예수 그리스도가 오시기 전에 이스라엘에게 은혜를 베푼 사실이 없고 율법을 잘 지킨 사람은 그의 보상으로 살게 되고, 율법을 지키지 않으면 그에 보응으로 죽었다. 은혜는 오직 예수 그리스도로 말미암은 것이다.

율법은 모세로 말미암아 주신 것이요 은혜와 진리는 예수 그리스도로 말미암아 온 것이라 (요 1:17)

은혜의 시작은 예수 그리스도시며, 복음의 시작도 예수 그리스도이시다(막 1:1). 그러므로 은혜와 복음은 모두 예수 그리스도로 말미암은 것이다. 그러나 은혜의 시대가 무한정 이어지는 것은 아니고 곧 은혜의 문이 닫히고 공의의 시대가 다시 도래하게 될 것이다. 공의로우신 하나님께서 은혜를 베푸심으로 인류에게 살길을 열어주셨고 지금도 은혜의 시대이다. 그러나 다시 공의로우신 하나님의 심판이 시작되면 그때의 하나님의 공의는 실로 두려울 것이다(히 10:26-31). 그리스도인들이 세상의 핍박을 견디며 신앙을 지키는 이유가 바로 하나님의 공의로운 심판을 받지 않기 위해서이다. 말하자면 그리스도 예수를 믿는 믿음, 곧 하나님의 은혜로 말미암아 영원한 아버지의 나라에 들어가려는 것이요, 영생을 얻으려는 것이다.

> **하나님이 세상을 이처럼 사랑하사 독생자를 주셨으니 이는 저를 믿는 자마다 멸망치 않고 영생을 얻게 하려 하심이니라 17하나님이 그 아들을 세상에 보내신 것은 세상을 심판하려 하심이 아니요 저로 말미암아 세상이 구원을 받게하려 하심이라 (요 3:16-17)**
> **살아계신 하나님의 손에 빠져 들어가는 것이 무서울진저 (히 10:31)**

세상 사람들은 성경을 믿지 않기 때문에 이러한 하나님의 은혜를 무시한다. 하나님을 무시하고 모욕해도 목숨이 붙어 있기 때문에 하나님을 공의를 무시하지만 은혜의 시대가 끝나고 공의가 오면 '이것은 예수 그리스도의 재림 뿐만 아니라 자기의 목숨이 끝나는 때를 포함한다.' 육체가 있다는 것이 아직 은혜의 시간이 남아있는 것이다. 종말이 꼭 예수 그리스도의 재림만을 의미하는 것으로 착각해서는 안 된다. 사기沙器그릇 같은 자기의 육체가 깨져서 목숨이 끝나면 그것으로 자기는 종말을 맞이한 것이다. 앞에서 말한 것처럼 죽음은 끝을 의미한다. 종말을 맞이한 사람은 다시는 은혜를 기대할 수 없다. 종말은 곧 은혜의 끝을 의미하고, 은혜의 끝은 곧 공의의 시작을 의미한다.

한 부자가 있어 자색 옷과 고운 베옷을 입고 날마다 호화로이 연락하는데 [20]나사로라 이름한 한 거지가 헌데를 앓으며 그 부자의 대문에 누워 [21]부자의 상에서 떨어지는 것으로 배불리려 하매 심지어 개들이 와서 그 헌데를 핥더라 [22]이에 그 거지가 죽어 천사들에게 받들려 아브라함의 품에 들어가고 부자도 죽어 장사되매 [23]저가 음부에서 고통 중에 눈을 들어 멀리 아브라함과 그의 품에 있는 나사로를 보고 [24]불러 가로되 아버지 아브라함이여 나를 긍휼히 여기사 나사로를 보내어 그 손가락 끝에 물을 찍어 내 혀를 서늘하게 하소서 내가 이 불꽃 가운데서 고민하나이다 [25]아브라함이 가로되 얘 너는 살았을 때에 네 좋은 것을 받았고 나사로는 고난을 받았으니 이것을 기억하라 이제 저는 여기서 위로를 받고 너는 고민을 받느니라 [26]이뿐 아니라 너희와 우리 사이에 큰 구렁이 끼어 있어 여기서 너희에게 건너가고자 하되 할 수 없고 거기서 우리에게 건너올 수도 없게 하였느니라 (눅 16:19-26)

하나님의 뜻意은 공의公義이다. 계속해서 강조하지만, 하나님의 공의公義는 하나님께서 판단하시는 기준이다. 하나님의 판단은 옳고 그름을 판단하시는 것이다. 그렇지만 더 정확하게는 말하자면 마치 의사가 사망선고를 하듯이 하나님께서 사람의 영혼이 죽었는가 살았는가를 진단하는 것이다. 많은 사람들, 심지어는 그리스도인이라고 하는 사람들이 하나님의 심판을 오해해서 하나님께서 예수 그리스도를 믿지 않는 자들을 괘씸하게 여기셔서 지옥에 보내시는 분으로 이해하고 있다. 예컨대 하나님께서 아담에게 선악을 알게 하는 나무의 열매를 먹지 말라고 한 계명을 어겼기 때문에 하나님께서 친히 죽이신 것이 아니다. 만약 이렇게 생각하는 사람들이 있다면 이들은 '하나님께서는 사랑이시다'라는 말씀을 믿을 수가 없을 것이다.

신학에서 말하는 '하나님께서는 과연 정의로우신가?'라는 신정론神正論은 하나님의 성품을 오해한 것에서 비롯된 것이다. 이 질문은 큰 모순을 가지고 있다. 과연 여기서 말하는 정의正義는 누가 정한, 누구의 정의正義인가? 정의正義는 영원 전부터 오직 하나님만이 가지고 계신 하나님의 기준이다. 인간은 정의正義를 논論할 수 있는 자격조차 없다. 불의한 자가 어떻게 정의를 말할 수 있는가? 하나님 앞에서 모든 사람은 불의한 죄인일 뿐이다.

기록한바 의인은 없나니 하나도 없으며 [11]깨닫는 자도 없고 하나님을 찾는 자도 없고 [12]다 치우쳐 한가지로 무익하게 되고 선을 행하는 자는 없나니 하나도 없도다 (롬 3:10-12)

어떤 자들이 믿지 아니하였으면 어찌하리요 그 믿지 아니함이 하나님의 미쁘심을 폐하겠느뇨 [4]그럴 수 없느니라 사람은 다 거짓되되 오직 하나님은 참되시다 할찌어다 기록된바 주께서 주의 말씀에 의롭다 함을 얻으시고 판단 받으실 때에 이기려 하심이라 함과 같으니라 (롬 3:3-4)

그럼에도 불구하고 인간들이 자신들의 지혜로 만든 윤리와 도덕, 그리고 법으로써 하나님의 공의를 판단하려는 어리석음을 범하고 있다. 의義와 공의公義는 하나님의 권위이기 때문에 범죄한 인간의 죄를 말로써 용서하지 않으시고 하나님의 아들의 피를 대가代價로 지불하신 것이다. 의義와 공의公義는 이 세상에 속하지 않은 구별된 것이다.

'거룩'은 히브리어로 코데쉬קֹדֶשׁ로써 '구별되다', '분리되다'의 뜻을 가지고 있다. '거룩하신 하나님'이라는 뜻은 세상의 우상들과는 구별되는 참 하나님이라는 뜻이다. 그러므로 우주에 속하지 않고 하늘에 속한 것만이 거룩한 것이다. 우주 안에 거하는 사람들의 철학과 사상과 윤리와 도덕과 법은 거룩하지 않다. 그러므로 그것들에서 시작하여 발전된 세상적 정의Justice는 거룩하지 않다.

하나님의 말씀은 공의公義이다. 하나님의 말씀은 하나님의 뜻이 실상으로 나타난 하나님의 사랑이다. 예수 그리스도는 말씀이 육신이 되어 오신 하나님의 아들이시다.

말씀이 육신이 되어 우리 가운데 거하시매 우리가 그 영광을 보니 아버지의 독생자의 영광이요 은혜와 진리가 충만하더라 (요 1:14)

그리스도 예수는 하나님의 의義요, 하나님의 공의公義이다. 하나님께서는 예수 그리스도를 통하여 은혜를 베푸시지만, 예수를 믿지 않는 자들은 죽은 자로 판단하시고 지옥에 장사葬事 지내신다.

> 저를 믿는 자는 심판을 받지 아니하는 것이요 믿지 아니하는 자는 하나님의 독생자의 이름을 믿지 아니하므로 벌써 심판을 받은 것이니라 (요 3:18)

하나님의 심판은 죽은 자는 지옥에 장사 지내고 산 자는 천국에서 하나님과 함께 영원한 생명을 주시는 것이다. 그러므로 독생자의 이름을 믿지 않으면 죽은 자로 하나님의 판단이 끝난다는 뜻이요, 독생자의 이름을 믿는 자는 전지하신 하나님께서 산 자로 판단하신다는 뜻이다. '마치 의사가 사망선고를 하면 법적으로 죽은 사람이 되어 장사지내는 것과 같은 이치이다.' 하나님께서 아담에게 선악과의 계명을 주신 것은 아담을 시험하시고자 하신 것이 아니라 생명을 주시기 위한 것이다. 하나님의 계명을 지키면 영생을 얻고 그렇지 않으면 생명이 차단되기 때문에 죽게 되는 원리이다.

> 내가 내 자의로 말한 것이 아니요 나를 보내신 아버지께서 나의 말할 것과 이를 것을 친히 명령하여 주셨으니 50나는 그의 명령이 영생인줄 아노라 그러므로 나의 이르는 것은 내 아버지께서 내게 말씀하신 그대로 이르노라 하시니라 (요 12:49-50)

하나님께서는 인간을 죽이시는 분이 아니라 생명을 주시는 분이시다 (요 10:10). 하나님께서 인간에게 생명을 주시는 유일한 방법이 계명이다(요 12:50). 다시 말하면 하나님께서 계명을 주신 후에 계명을 지키는지 안 지키는지 시험하여 지켜보다가 계명을 지키지 않으면 죽이시는 분이 아니라 전능하신 능력으로 인간의 의지의 영역을 관여하지 않으시고 인간이 의지를 사용하여 계명을 지켜서 생명 얻기를 기대하는 것이다. 하나님께서 인간에게 자유의지를 주시고 의지를 사용할 수 있는 권한과 함께 그에 대한 책임도 같이 주셨다. '완전한 자유의지는 오직 하나님만이 가지고 계신다. 하나님의 계명을 지키지 않으면 하나님의 생명도 동시에 차단되어 죽게 되는 것이다.

하나님의 계명과 생명은 마치 동전의 양면과 같아서 계명과 생명은 동시에 오는 것이다. 이것은 하나님의 뜻이니, 곧 하나님의 공의다. 그의 공의로 말미암아 범죄한 인류는 모두 죽었고 하나님과 원수가 되었다. 하나님의 말씀은 공의요 동시에 하나님의 의義다. 예수 그리스도는 하나님의 의義요, 공의公義다. 심판받는 것도 예수 그리스도로 말미암고 죽은 자들이 생명을 얻는 은혜도 예수 그리스도로 말미암는다.

그러므로 아직도 어리석게 세상의 잘난 윤리와 도덕과 세상의 법으로 예수의 교회를 판단할 뿐만 아니라 교회를 어지럽히는 짓을 당장에라도 그만두어야 한다. 그리스도인들이라도 그 육신이 세상에 살기 때문에 세상을 사는 동안에는 세상의 정의正義 아래 있어야 한다. 그럴지라도 세상의 정의正義를 교회 안으로 들여와서 세상의 정의를 실현하려고 해서는 절대로 안 된다. 세상의 정의는 의義도 아니요, 공의公義도 아니다. 그저 땅과 함께 잠시 있다가 없어질 안개와 같은 한시적인 것들이다. 오직 하나님의 의義와 공의公義만이 영원 전부터 영원까지 하나님과 함께 있는 하나님의 정의Justice이다.

7 삼위가 일체이신 하나님

삼위일체三位一體 교리는 기독교의 핵심 교리이다. 그러나 역설적으로 가장 이해하기 힘든 것이 삼위일체 교리이다. 모든 그리스도인들이 삼위일체 하나님을 믿는다고 고백하지만 삼위일체를 깨닫지 못하고 알지 못한다. '삼위일체Trinity'라는 단어 자체는 성경에 기록되어 있지 않고 교리적으로 만들어 낸 것이다. 필자는 지금 교리를 말하고자 하는 것이 아니라 영감을 말하고 싶은 것이다. 성경은 성부, 성자, 성령 세 인격을 말하고 있지만 세 인격이신 하나님께서 하나임을 가르치고 있다. 그래서 교리적으로 만들어 낸 용어가 삼위일체三位一體이다. 유대의 바리새인과 서기관들이 삼위일체 하나님을 이해하지 못해서 예수를 십자가에 못 박았다.

> **영생**은 곧 유일하신 참 하나님과 그의 보내신 자 예수 그리스도를 아는 것이니이다 (요 17:3)
>
> 그러므로 너희는 가서 모든 족속으로 제자를 삼아 아버지와 아들과 성령의 이름으로 침례를 주고 (마 28:19)
>
> 저희를 주신 내 아버지는 만유보다 크시매 아무도 아버지 손에서 빼앗을 수 없느니라 [30]나와 아버지는 하나이니라 하신대 (요 10:29-30)
>
> **나**는 세상에 더 있지 아니하오나 저희는 세상에 있사옵고 나는 아버지께로 가옵나니 거룩하신 아버지여 내게 주신 아버지의 이름으로 저희를 보전하사 우리와 같이 저희도 하나가 되게 하옵소서 (요 17:11)

내게 주신 영광을 내가 저희에게 주었사오니 이는 우리가 하나가 된 것 같이 저희도 하나가 되게 하려 함이니이다 (요 17:22)

이스라엘아 들으라 우리 하나님 여호와는 오직 하나인 여호와시니 (신 6:4)

성경은 삼위 하나님께서 하나이심을 가르치고 있다. 이것은 진리이다. '삼위일체 하나님'이라는 말은 '세 인격이신 하나님이 하나이시다'라는 뜻이다. 영생은 유일하신 하나님께서 삼위 하나님이 되셨다는 것을 아는 것이다(요 17:3). '여호와'라는 이름은 천사를 통해 인간에게 주신 유일하신 하나님의 이름이요, 예수 이름은 아들에게 주신 삼위 하나님의 이름이다. '하나님'은 유일하심을 가리킬 때 사용하는 것이다.

인격은 지식, 감정, 의지를 모두 가지고 완전하게 융합한 상태를 가리키는 용어이다. '인격'이라는 개념Definition은 아주 중요한 것이기 때문에 반드시 알고 있어야 한다. 동물도 인격이 있다고 하지만 동물의 인격은 감각적인 인격만 있을 뿐, 사람의 인격과는 본질적으로 다르다. 사람은 영, 혼, 육으로 구성되어 있어서 그 기능이 다르다(살전 5:23). 영, 혼, 육을 모두 합쳐서 사람이라고 하지만 더 정확하게 말하면 혼을 가리켜 말하는 것인데 혼이 곧 인격이다. 그래서 혼은 사람이 하는 모든 결정을 한다. 혼이 결정한 내용을 수 많은 신경 뉴런과 시냅스를 통하여 연결된 육체에 전달하게 되고 육체는 혼의 결정을 충실하게 이행하는 것이다. 요컨대 사람의 사람다움은 혼의 결정에 의해서 육체가 행동하는 것에 의해 좌우되는 것이다. 그럼에도 불구하고 혼과 육체는 분리할 수 없는 하나이다. 다시 말하면 육체가 없으면 사람이라 할 수 없고 혼이 없어도 사람이라 할 수 없다. 다만 의식과 감정을 바탕으로 하는 의지의 실현이 혼의 영역이라는 것이다.

영원 전에는 유일하신 하나님이시다. 유일하신 하나님께서는 오직 하나의 뜻만을 가지고 계셨다. 그래서 하나님께서는 본질(인격), 본체, 본영으로 계신 한 분 하나님이시다. 하나님께서 하나님이 되심은 본질을 가리켜 말하는 것이다. '이것은 마치 사람이 사람다움을 갖는 것은 사람의 혼(감정, 의식, 의지)으로 말미암는 것과 같다.' 그러나 이것을 오해하여 육체와 영은 필요하지 않다거나, 혹은 덜 중요하다는 것을 의미하는 것은 절대로 아니라 그저 기능적으로 분류하는 것이다. 영원 전 하나님께서는 유일하신 한 분이셨다. '삼위'라는 말은 '세 자리'나 '세 보좌'를 말하는 것이 아니라 인격이 셋이라는 뜻이요, '일체'라는 말은 '하나'라는 뜻으로써 하나님의 뜻과 이름이 하나임을 말하는 것이다. 삼위일체를 '성부, 성자, 성령 세 분 하나님이 한 분이시다'라고 오해해서 많은 사람들은 '세 분 하나님께서 어떻게 다시 한 분이 되시는가?'라고 하면서 삼위일체를 이해하지 못하고 그저 교리적으로 맹목적으로 맹신하고 있는 실정이다.

유일하신 하나님께서 삼위가 되신 것은 하나님의 뜻을 이루고자 태초에 작정하신 하나님의 의도意圖이다. '하나님 아버지'라는 뜻은 근원이 되신다는 뜻이다. '아버지'는 히브리어로 '아브אָב'인데 '조상', '기원자', '설립자'라는 뜻을 가지고 있다. 하나님은 모든 만물을 존재하게 하는 기원자라는 뜻이다. 하나님의 아들이라는 말은 하나님 아버지가 계신 이후에 태어나셨다는 뜻이 아니라 태초부터 하나님 아버지와 함께 계셨으나 아버지로부터 의지를 나누어 받으셨다는 뜻이요, 성령 하나님도 동일하다. 하나님 아버지로부터 의지를 나누어 받았기 때문에, 성자 하나님도 독립된 의지를 가지고 계신다.

> **조금** 나아가사 얼굴을 땅에 대시고 엎드려 기도하여 가라사대 내 아버지여 만일 할만하시거든 이 잔을 내게서 지나가게 하옵소서 그러나 나의 원대로 마옵시고 아버지의 원대로 하옵소서 하시고 (마 26:3)

'원'이라고 번역된 헬라어 θέλω델로는 '뜻', '의지'를 의미한다. 이 성경 구절은 하나님 아버지의 뜻과 아들의 뜻이 구분되어 있다고 기록하고 있다. 그럼 계속해서 다음 성경을 보자.

> **이** 모든 일은 같은 한 성령이 행하사 그 뜻대로 각 사람에게 나눠 주시느니라 (고전 12:11)

성경은 성령의 뜻대로 그 은사를 나누어 주신다고 기록하고 있다. '은사'라고 번역된 헬라어 '카리스마χάρισμα'는 구약성경에서는 한 번도 사용되지 않았고 신약성경에서만 17회 사용되었는데 로마서와 고린도전, 후서에서 14회 사용되었다. 현대에서 사용하는 카리스마의 어원도 '은사'를 통한 성령의 감동이다. 이와 같이 성부, 성자, 성령은 각각 그 의지가 독립되어 있다. 그러나 아주 중요한 것은 삼위 하나님께서는 각각의 의지를 각자 원하는 대로 사용하시는 것이 아니라 오직 하나님 아버지의 뜻을 위해서만 사용하시기 때문에 삼위일체가 되신다. 삼위일체를 깨닫는다면 성자 하나님께서 어떻게 하나님의 뜻에 순종하셨는지 깨닫게 될 것이고, 그리스도인이 하나님의 말씀 앞에 어떻게 굴복하고 순종해야 하는지 역시 깨닫게 될 것이다. 성령께서도 영원 전부터 하나님 아버지 품에서 함께 계시는 삼위 중 일위가 되시는 하나님이시다. 그럼에도 불구하고 하나님 아버지 뜻을 이루시기 위하여 일하신다. 그러므로 삼위 하나님께서 합력하여 선을 이루신다.

> **마음을** 감찰하시는 이가 성령의 생각을 아시나니 이는 성령이 하나님의 뜻대로 성도를 위하여 간구하심이니라 [28]우리가 알거니와 하나님을 사랑하는 자 곧 그 뜻대로 부르심을 입은 자들에게는 모든 것이 합력하여 선을 이루느니라 (롬 8:27-28)

그리스도 예수께서는 하나님의 뜻을 이루시기 위하여 십자가에 못박혀 죽으셨고, 죽으실 때에는 벗은 몸으로 못 박혀 죽으셨다. 그러나 그 부끄러움을 개의치 않으신 것은 예수 그리스도는 오직 하나님 아버지의 뜻을 이루시기 위하여 이 땅에 오셨기 때문이다. 그러므로 예수를 '주主'라 시인하는 그리스도인들이 마땅히 해야 할 것은 하나님의 뜻과 말씀에 순종하는 것이다. 말씀에 순종하지 않는 그리스도인은 예수를 주主로 시인하지 않는 것이요, 믿지 않는 불신자와 다름이 없다. '주主'라는 뜻의 헬라어는 $\kappa\acute{\upsilon}\rho\iota o\varsigma$퀴리오스인데 초기 기독교인들은 로마 황제에게조차 '퀴리오스'라는 단어를 사용하지 않고 오직 예수 그리스도에게만 사용했다고 한다. 그러므로 예수 그리스도를 주主라고 시인하는 그리스도인이라면 마땅히 하나님의 말씀에 전적으로 순종해야 할 것이다.

하나님의 말씀에 순종하는 자들이 믿는 자들이요, 예수는 자기를 믿는 자들에게 능력을 한량없이 부어 주신다. 그것은 이천 년 전의 사건이 아니라 바로 오늘의 사건이다. 예수의 부활도 오늘의 사건이다.

믿는 자들에게는 이런 표적이 따르리니 곧 저희가 내 이름으로 귀신을 쫓아 내며 새 방언을 말하며 [18]뱀을 집으며 무슨 독을 마실찌라도 해를 받지 아니하며 병든 사람에게 손을 얹은즉 나으리라 하시더라 [19]주 예수께서 말씀을 마치신 후에 하늘로 올리우사 하나님 우편에 앉으시니라 [20] 제자들이 나가 두루 전파할새 주께서 함께 역사하사 그 따르는 표적으로 말씀을 확실히 증거하시니라 (막 16:17-20)

그리스도 예수께서 승천하시기 전에 그의 믿는 자들에게 약속하신 이적은 예수 자신과 같이 말씀에 순종하는 자들에게 하신 것이다. 그러므로 말씀에 순종하지 않는 자들은 이적을 기대하지 말라. 그대들은 요행만을 기다리는 것이다. 누구든지 하나님의 능력과 이적을 소유하고 싶은 사람들은 말씀 앞에 겸손하게 무릎 꿇고 순종해야 한다. 여러 가지 자기의 형편과 사정을 핑계로 불순종하려고 하지 말고 오히려 죽을 각오를 하고 말씀에 순종하는 것이 신앙이다. 신앙의 본을 보여주신 분이 우리의 주 되신 그리스도 예수이시다. 많은 그리스도인들이 예수님을 따라 살고 싶다고 말하지만 그 뜻을 살펴보면 예수님처럼 선하게, 남에게 해를 끼치지 않고 남을 위하여 희생하며 좋은 일을 한다는 의미로 사용하는 것 같다. 그러나 예수님은 우리에게 예수께서 하나님의 계명을 지킨 것처럼 그의 성도들에게도 하나님 아버지의 계명을 지키라고 말씀하신다.

내가 아버지의 계명을 지켜 그의 사랑 안에 거하는 것 같이 너희도 내 계명을 지키면 내 사랑 안에 거하리라 ¹¹내가 이것을 너희에게 이름은 내 기쁨이 너희 안에 있어 너희 기쁨을 충만하게 하려 함이니라 ¹²내 계명은 곧 내가 너희를 사랑한 것 같이 너희도 서로 사랑하라 하는 이것이니라 (요 15:10-12)

내가 내 자의로 말한 것이 아니요 나를 보내신 아버지께서 나의 말할 것과 이를 것을 친히 명령하여 주셨으니 ⁵⁰나는 그의 명령이 영생인줄 아노라 그러므로 나의 이르는 것은 내 아버지께서 내게 말씀하신 그대로 이르노라 하시니라 (요 12:49-50)

그러므로 예수님을 따라 산다는 진정한 의미를 자기 스스로가 신념을 따라 만들어내지 말고 주님의 말씀을 상고해야 한다.

삼위일체를 깨닫지 못하는 신앙생활은 매우 위태로워서 폭풍우 가운데 있는 촛불과 같다고 해도 과언이 아니다. 오늘날 기독교회라는 이름으로, 목사라는 이름을 가지고 강단에 서서 말하는 사람들 중에는 아주 흉악한 이리와 같은 사람들도 많이 있다. 그들이 말하는 신학은 극단적인 이성을 말하기 때문에 설득당하기 매우 쉽다. 성서 신학(구약학, 신약학)을 공부함에 있어서 반드시 비평학이라는 것을 배운다. '본문 비평'을 저등비평이라고 하고 역사비평, 양식비평, 문학비평 등을 고등비평이라고 한다. 이런 여러 비평학을 통하여 '이것이 진짜 예수께서 하신 말씀이냐 아니냐'를 역사적으로, 시대적으로 따지는 학문이다. 예수 그리스도께서 오병이어의 이적과, 죽은 자를 살리신 것과 물 위를 걸으신 이적과 귀신을 쫓아내신 이적들이 역사적으로 사실인가, 아니면 그의 제자들이 과장해서 기록한 것인가를 공부하는 것이다.

　이러한 신학은 영감을 가질 수 없고 오직 이성에 호소하는 그저 학문일 뿐이다. 그러므로 영감이 없는 그리스도인들이 사람의 이성을 자극하는 이러한 고등 학문을 듣게 되면 설득당하기 십상이고 마치 그것이 진리인 것처럼 그 지식을 자랑스러워 한다. 그러나 올바른 신학관은 다음과 같아야 한다.

　　신학은 하나님에 관한 발언으로서, 그 인식 대상인 하나님의 편에서 볼 때, 결코 중립적인 학문이 될 수 없고, 오직 실존적으로 관련된 지식일 수 밖에 없다. 왜냐하면 인간은 하나님에 의해 붙잡히기 전에는 하나님을 파악할 수 없기 때문이다. 먼저 하나님에 의해 붙잡히지 않고 하나님을 붙잡는 것, 곧 붙잡힘이 없는 붙잡음은 결국 하나님을 한 조각의 세상으로 대상화하게 된다. 그러므로 신학은 오직 먼저 하나님과 함께 행하는 발언이 될 때에만 하나님에 관한 발언이다. 찬양이 아닌 신학을 우리는 더는 신학이라고 부를 수 없고, 단지 종교학이라고 부를 수 있을 따름이다.[*]

　그리스도인의 신앙은 삼위일체를 깨달아야만 굳건하게 설 수 있다. 만약 성령님의 임재가 실재적이지 않다거나, 이천 년 전에 종료된 사건이라면 우리의 기독교 신앙은 종교로 전락하고 말게 될 것이다. 그리스

---

[*]　Horst Georg Pöhlmann, 『교의학』(Abriss der Dormatik), 이신건역 (서울: 신앙과 지성사, 2012), 36.

도 예수께서는 아직 승천하시기 전에, 부활하시기도 전에, 십자가에서 고난받기 그 이전에, 친히 성령에 대해 소개하신다. 그러고 나서 고난받으시고 부활하시고, 오백여 명이 보는 앞에서 승천하시고 열흘 후에 백 이십 명의 성도들에게 비로소 성령께서 임하셨다. 그뿐만 아니라 지금도 여전히 믿는 자들의 영혼을 하나님의 성전 삼고 들어와 함께 하신다. 이것은 기독교의 핵심이라 할 수 있다.

> 내가 아버지께 구하겠으니 그가 또 다른 보혜사를 너희에게 주사 영원토록 너희와 함께 있게 하시리니 ¹⁷저는 진리의 영이라 세상은 능히 저를 받지 못하나니 이는 저를 보지도 못하고 알지도 못함이라 그러나 너희는 저를 아나니 저는 너희와 함께 거하심이요 또 너희 속에 계시겠음이라 18내가 너희를 고아와 같이 버려두지 아니하고 너희에게로 오리라 (요 14:16-18)

예수 그리스도께서는 하나님 아버지께 구하여 성도들에게 성령을 보내 주실 것이라고 약속하셨는데 이때는 아직 고난받기 전의 일이다. 예수께서 약속하신 이 말씀이 성취되기 위해서는 예수께서 승천하셔야 한다. 승천하시기 위해서는 부활하셔야 하고, 부활은 죽음을 전제로 하는 것이다. 죽음은 말씀이 죽을 수 있는 육신이 되신 하나님이심을 증거하는 것이다. 예수께서 승천하시고 열흘 후에 성령이 그의 제자들과 백 이십 명의 제자들에게 동시에 임하셨다.

오순절 날이 이미 이르매 저희가 다 같이 한 곳에 모였더니 2홀연히 하늘로부터 급하고 강한 바람 같은 소리가 있어 저희 앉은 온 집에 가득하며 3불의 혀같이 갈라지는 것이 저희에게 보여 각 사람 위에 임하여 있더니 4저희가 다 성령의 충만함을 받고 성령이 말하게 하심을 따라 다른 방언으로 말하기를 시작하니라 (행 2:1-4)

예수 그리스도께서 약속하신 성령이 오순절에 마가의 다락방에 임하시므로 예수 그리스도는 태초부터 계신 말씀(로고스$_{\lambda \acute{o} \gamma o \varsigma}$)이신 것이 확실하게 증거되고, 그리스도인에게는 체험이 된 사건이다. 이렇게 성령이 사람의 영혼에 임하는 사건이 이천 년이 지난 오늘날에도 믿는 자들에게 동일하게 나타나는 것으로 보아 예수 그리스도는 하나님의 아들이심이 확실하다. 성령이 임하시는 사건은 관념적인 사건이 아니요, 감상적이거나 철학적인 것도 아니다. 그것은 실재적인 사건을 체험하는 것이기 때문에 체험하지 못한 자들에 의해 부정당할 수 있는 것도 아니다. 오늘날 목회자나 신학자들이 성령을 초월하여 성경을 이성으로 풀고, 하나님을 알려고 하기 때문에 하나님의 신성을 부정하게 되는 것이다. 이것은 비단 신약뿐만 아니라 구약에서도 마찬가지이다. 그래서 창세기의 창조 사건을 고대 근동의 창조 신화를 차용한 이스라엘의 건국신화라고 주장하는 학자들이 많이 있다. 성령은 진리의 영이시기 때문에 그의 임재를 느낄 수도 없다. 다만 현상을 통해서만 아는 것이다.

바람이 임의로 불매 네가 그 소리를 들어도 어디서 오며 어디로 가는지 알지 못하나니 성령으로 난 사람은 다 이러하니라 (요 3:8)

성령의 은사는 성령의 나타나심이다. 성령께서는 관념적인 존재가 아니시라 실존이시요, 실재적인 분이시요, 체험할 수 있는 분이시다. 그러나 교만하여 하나님의 말씀을 믿지 않고 불순종하는 자들이 자기들의 신념과 지식을 잣대로 말씀에 순종하는 자들의 믿음과 그 속에서 역사하시는 성령을 판단하고 칼질함으로써 성령을 훼방하는 죄를 범한다. 성령을 훼방하는 것은 내세에도 사함 받지 못하는, 다시 말하면 예수 그리스도의 보혈로도 해결할 수 없는 중대한 죄이다. 두렵고 떨림으로 하나님의 말씀을 받자.

> 그러므로 내가 너희에게 이르노니 사람의 모든 죄와 훼방은 사하심을 얻되 성령을 훼방하는 것은 사하심을 얻지 못하겠고 32또 누구든지 말로 인자를 거역하면 사하심을 얻되 누구든지 말로 성령을 거역하면 이 세상과 오는 세상에도 사하심을 얻지 못하리라 (마 12:31-32)

삼위 하나님께서 합력하여 인간을 구원하기 위해 열심을 내셨다. 성령 하나님께서는 오늘도 동일하시게 자신을 나타내시며, 믿는 자들의 영혼을 성전삼고 영원히 거하신다. 그러므로 부활하신 예수께서 그의 사랑하는 제자들에게 "성령을 받으라"고 하신 것을 오늘을 살고 있는 나에게 하시는 말씀으로 듣고 순종하자. 그러면 예수 그리스도의 부활이 현재의 나의 사건이 되고 그것으로써 예수 그리스도의 부활을 체험하게 된다. 성령의 내주가 없는 예수 그리스도의 부활은 한낱 종교의 교리가 되고, 기독교는 종교로 전락하고 마는 결과를 초래하게 된다. 성령의 내주가 현재의 사건인 것처럼 믿는 자들에게 성령께서 임하셔서 방언을 말하게 하시는 사건은 지금도 동일하게 일어난다. 이것은 필자의 개인적인 주장이 아니라 실상이다.

예수 그리스도는 어제나 오늘이나 영원토록 동일하시니라 (히 13:8)

죽음의 절망에서 건지시다

나는 1995년부터 2년간 한국해양대학교 해병대 ROTC로 훈련을 받았다. 1996년도 대학교 4학년 여름방학에 포항 입영훈련을 마치고 울릉도로 여행을 갔다가 지금의 아내를 만났다. 여행 일정이 맞지 않아서 그냥 그렇게 헤어질 뻔했다가 태풍이 와서 배가 출항하지 못해서 며칠 더 같이 있게 되어 연인으로 발전하였다. 그러다가 나는 1997년 3월 1일 해병대 소위로 임관하였다. IMF로 인하여 국가적인 위기가 최고조인 1998년 12월 25일에 대방동 해군회관에서 결혼식을 하였다. 그다음 해 아내는 지금의 아들을 임신하였고 2000년 2월에 부임지를 울릉도로 명받았다. 아내를 처음 만난 곳이 울릉도였기 때문에 감회가 더욱 새로웠다.

2000년 5월 16일 아들이 태어났다. 태어난 지 일주일이 지났을 때 나는 울릉 동광교회에서 예배하고 있을 때 아내에게서 급하게 전화가 왔다. 내용은 아들이 경기驚氣를 일으켰는데 상황이 너무 나쁘다는 것이었다. 그래서 나는 포항에서 같이 근무한 군의관에게 연락했고 그 군의관은 다시 신촌 세브란스 병원에 있는 후배 의사에게 연락을 해 주어서 가까스로 입원할 수 있게 되었다. 그래서 뇌파 검사 등 여러 가지

검사를 하였으나 결과가 모두 비정상으로 나와서 절망적이었다. 장모님도 이번 아기는 포기하자고 말할 정도였다. 그때 아내는 신앙생활을 하지 않을 때였다.

그날 저녁 나는 교회에 가서 하나님의 도우심을 간구하는 기도를 하였는데 하나님께서 말씀을 주셨다.

아무 것도 염려하지 말고 오직 모든 일에 기도와 간구로, 너희 구할 것을 감사함으로 하나님께 아뢰라 그리하면 모든 지각에 뛰어난 하나님의 평강이 그리스도 예수 안에서 너희 마음과 생각을 지키시리라 (빌 4:6~7)

그 순간 나의 마음에는 평안이 곧 임했고, 하나님의 능력이 우리 가정에 임하도록 예수 그리스도를 영접하자고 아내를 전도하였다. 아내는 복음을 받아들이고 예수 그리스도를 우리 가정의 주인으로서, 구원자로서, 살아계신 하나님의 아들로 믿었다. 그러던 중에 병원에서는 아무것도 해줄 것이 없다며 아들을 퇴원시키라고 했다. 환경은 우리 가정에 절망이었으나 나는 하나님의 말씀을 신뢰하며 여전히 평안 가운데 있었다.

아들이 퇴원한 후에 곧 죽을 것으로 여겼지만 오히려 아들은 엄마의 젖을 빨기 시작하더니 점점 회복하기 시작하였고 몸무게가 늘기 시작하였다 그래서 신촌 세브란스 병원을 다시 찾아서 검사한 결과 모든 것이 정상으로 돌아와 있었다(주님을 찬양합니다!) 의사들도 의아해하면서 말하기를 "그래도 혹시 모르니까 조심하십시오"라고 했다.

그때 내가 깨달은 것은 나는 세상의 말에 권위를 두어서는 안 되고 오직 하나님의 말씀에 권위를 두어야 한다는 것이었다. 2021년 1월인 지금 그 아들은 강원도 고성 GOP에서 군 복무를 하고 있는 아주 건강한 청년이며, 21년 동안 감기도 한 번 걸리지 않은 아주 건강한 아이였다.

대저 하나님의 모든 말씀은 능치 못하심이 없느니라 (눅 1:37)

부부 사이를 이간하는 귀신이 떠나가다

내가 전에 근무하던 회사는 발전소를 건설하는 중소기업이었기 때문에 해외에 자주 나가게 되었다. 2013년부터 2016년까지 아랍에미리트 UAE의 아부다비에서 원자력 발전소 건설을 위하여 근무하게 되었다. 아부다비는 비록 이슬람 국가이기는 하지만 이슬람국가 중에서는 나름 개방된 나라이기 때문에 종교건물로 지정된 곳에 세계 각국 교회가 요일과 시간을 나누어서 예배하는 형식이었다.

내가 출석한 교회는 '아부다비 한인 연합교회'라는 장로교였는데 초교파적으로 누구든지 참석하여 예배하는 교회였다. 담임 목사님께서 나에게 식사를 제의하셔서 목사님과 같이 점심을 하게 되었는데 그 자리에 한국사람인데 프랑스 외인부대에서 근무하는 분의 부부도 합석하였다. 목사님께서는 이들 부부도 처음으로 아부다비 교회에 출석하여 같이 식사를 하게 되었다고 하셨다. 이렇게 알게 된 프랑스 부부는 그냥 스치듯 지나갔다.

식사한 지 2주 정도 지났을 즈음, 프랑스 외인부대 집사님이 전화하셔서 "커피 한잔 마시러 가도 되겠습니까?" 하길래 나는 "당연히 되지요" 했다. 나는 외인부대 집사님 혼자 오는 줄 알았는데 부부가 같이 왔다. 부부가 집으로 들어오자마자 여자 집사님이 하소연하듯이 말하기를 남편이랑 사는 것이 너무 힘들어서 항상 이혼을 생각했고 때로는 자살을 해야겠다는 생각이 늘 떠나지 않았다고 했으며, 나에게 오는 당일 아침에 3층 아파트에서 뛰어내렸는데 남편이 붙잡아서 간신히 올라왔다고 했다. 그래도 다시 죽고 싶다는 생각이 가득하다고 했다. 그러다 문득 전에 함께 식사를 하면서 만난 박진욱 집사에게 가면 뭔가 해결이 될 것 같은 생각이 들어서 오게 되었다고 했다.

그런 하소연을 1시간 정도 들으니 이것은 귀신의 역사가 확실했다. 하지만 '귀신의 존재도 모르고 영적인 실상을 모르는 이들에게 어떻게 해야 하나?'라는 생각에 잠시 고민했지만 하나님께 지혜를 구하는 기도를 하고, 먼저 영계는 실상인 것과 영적인 존재들에 대해서 가르쳤으며 그 저주받은 존재들이 방해하는 것이라 가르쳤다. 처음에는 반대하고 인정하지 않았지만 계속해서 1시간 정도 이해시키니 비로소 인정하게 되었고, 인정하는 순간 "아침부터 머리가 깨질 것같이 아팠는데 지금 머리가 뻥 뚫린 것 같이 시원합니다"라고 하였다. 그리고는 곧 "호호호" 웃으면서 남편의 팔짱을 끼면서 집으로 돌아갔다.

그 일이 지나고 삼 일 후에 나를 자신들의 집으로 저녁식사초대를 하였다. 식사가 끝나자 남편 집사님이 "집사님! 저에게 영적 존재들을 가르쳐 주세요"라고 했고 나는 곧 세 영적 존재에 대해서 가르쳤는데 다섯 시간 동안 계속되었다. 자정이 넘어갈 무렵 시간이 너무 늦었으니 다음에 기회가 된다면 더 가르쳐 주겠다고 했더니 그때 남편 집사님이 "그럼 지금도 성령을 받을 수 있습니까?"라고 물었다. 나는 "당연히 지금도 받을 수 있는 데 성령님을 환영하십니까?"라고 했더니 "네"라고 대답했다. 그래서 곧 회개의 기도와 예수의 보혈을 환영하는 기도와 성령님 모시기를 간구했더니 곧 성령께서 임하셨고 방언을 말하기 시작하였다. 그는 십 년 동안 아내를 따라 교회를 다녔지만 믿음이 없었는데 영적인 존재에 대해서 알고, 성령을 모시니 믿음을 따라 살아야겠다고 했다. 그래서 나는 곧 성령을 받은 자가 어떻게 살아야 하는지에 대해서 가르쳤고, 십일조에 대해서도, 주일성수에 대해서도 가르쳤더니 조금의 망설임도 없이 순종하겠다고 결심했다. 그 시간이 새벽 2시였다.

그 후부터 일주일에 3~4번씩 주말에는 10시간~12시간 평일에는 5~6시간씩 때로는 새벽 세 시까지 일 년 반 동안 하나님의 이름과 하나님의 말씀에 순종해야 할 것과 침례와 영적인 존재들과 생령으로서 어떻게 살아야 하는지를 가르쳤다. 가르침의 핵심은 하나님의 말씀에 절대 순종해야 하는데 그것은 내 감정과, 지식과, 철학, 사상을 초월해야 한다는 것이었다. 그 영혼들의 믿음이 성장하는 것에 대해서 하나님께 감사했고 나 스스로도 많은 은혜를 받았다.

세 영적 존재 중에서 귀신에 대해서 가르칠 때 부인 집사가 어렸을 때 절에 가서 신 내림을 받았다는 사실을 알게 되었다. 그러고는 곧 귀신이 드러나서 "네가 자꾸 이 집에 와서 하나님의 말씀을 가르쳐서 내가 못 살겠다"라고 하소연했고 내가 "너는 누구냐"라고 물었더니 이 여자의 시어머니인데 내 아들하고 잘 사는 꼴을 보기 싫어서 둘의 사이를 이간시켜 갈라놓으려고 했는데 이제는 틀렸다고 했다. 내가 예수 이름으로 꾸짖어 저주하니 곧 떠났다. 그 외에도 많은 귀신들이 쫓겨나갔는데 그중에서 절에서 신 내림을 받을 때 들어온 귀신은 마지막까지 발악하면서 나가지 않아서 제가 "하나님 아버지 내게 귀신 쫓는 권능을 주옵소서"라고 속으로 기도했는데 갑자기 귀신이 소리 지르며 떠나갔다. 나도 깜짝 놀라서 어리둥절하고 있는데 부인 집사가 하는 말이 영안에 갑자기 경찰이 큰 칼을 차고 저벅저벅 오면서 칼을 꺼내려고 하니 귀신이 두렵고 놀라서 나갔다는 것이었다.

이렇게 영적 존재들이 실상임을 체험하면서 자기들도 성락교회에서 침례를 받았으면 좋겠다는 사모함으로 기다리다가 부인 집사는 2015년에, 외인부대 집사는 2016년 7월에 침례를 받았다. 그 후 아부다비 한인 연합교회에서 성가대로, 가르치는 일로 교회를 섬기다가 지금은 프랑스 툴루즈Toulouse 한인교회에서 신앙생활을 하고 있다.

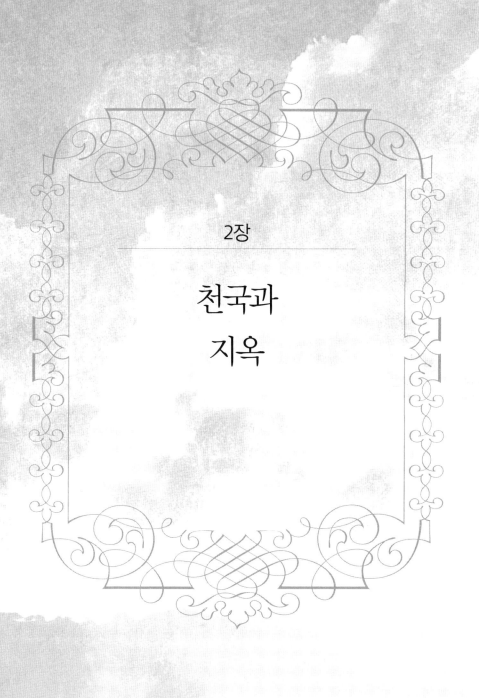

2장

천국과
지옥

§

　천국은 하늘이다. 천국은 여러 개념으로 생각할 수 있다. 천국은 임하기도 하고, 우리가 가야 할 영원한 나라이기도 하다. 천국은 성도들 안에 있는 것이라고 말씀하기도 한다. 그래서 많은 그리스도인들이 천국에 대해 혼란을 겪고 심지어는 천국을 관념적인 공간으로 이해하기도 한다. 그리스도인들이 이와 같이 천국에 대해 확실하게 알지 못하는데 불신자들은 말해 무엇하겠는가!! 그들은 그저 '예수 천국, 불신 지옥'의 정도로만 알고 있다.

　천국은 우주 안에 있는 것이 아니다. 우주는 학명_{學名}이요, 성경에서는 음부라고 부른다. 그리스도 예수께서 계신 하나님의 우편 보좌는 우주에 있는 것이 아니라 우주 밖에 있다. 우주는 장차 불에 풀어져 없어질 허공이다.

> 주의 약속은 어떤 이의 더디다고 생각하는 것같이 더딘 것이 아니라 오직 너희를 대하여 오래 참으사 아무도 멸망치 않고 다 회개하기에 이르기를 원하시느니라 [10]그러나 주의 날이 도적같이 오리니 그 날에는 하늘이 큰 소리로 떠나가고 체질이 뜨거운 불에 풀어지고 땅과 그 중에 있는 모든 일이 드러나리로다 [11]이 모든 것이 이렇게 풀어지리니 너희가 어떠한 사람이 되어야 마땅하뇨 거룩한 행실과 경건함으로 [12]하나님의 날이 임하기를 바라보고 간절히 사모하라 그 날에 하늘이 불에 타서 풀어지고 체질이 뜨거운 불에 녹아지려니와 [13]우리는 그의 약속대로 의의 거하는바 새 하늘과 새 땅을 바라보도다 (벧후 3:9-13)

마지막 날에는 하늘이 떠나가고 체질이 불에 풀어진다고 기록되어 있다. '체질'은 '원소', '원소적인 본질'이라는 뜻으로써 이 우주 안에는 있는 모든 원소(근원)들이 불에 다 풀어 없어진다 뜻이다. 그러므로 우주는 천국이 아니다. 우주 밖에 또 다른 하늘이 있는데 그곳을 천국이라고 한다. 천사들이 하나님의 아들을 섬기는 곳이 천국이요, 당연히 예수께서 계신 하나님의 우편 보좌도 그 천국에 있다. 그렇다면 천국이 어떻게 임한다는 것인지 알아보도록 하자. 필자는 지금 영감을 말하는 것이요, 학문을 말하는 것이 아니기 때문에 학문적인 잣대로 영감을 평가하고 판단하는 어리석음을 범하지 않았으면 한다.

영원 전, 천사들이 살고 있는 그 공간은 영계라고 하고 하는데, 그 영계도 유일하신 하나님께서 창조하신 세계이다. 말하자면 영계가 창조되기 그 이전은 오직 하나님만이 계셨다. 하나님만이 계신 곳에 영계를 창조하려고 한다면 그것은 당연히 하나님의 일부에 창조할 수밖에 없다. '하나님 이외의 곳에 영계를 창조했다면 하나님께서는 무소부재 하실 수 없는 분이 되신다.' 다시 말하면 하나님께서는 하늘이라는 토대이고 영계는 그 토대 위에 세워진 공간이다. 이 영계도 하늘에 있기 때문에 천국이라고 하지만 성경에는 영계를 '아들의 나라', '아버지의 집'이라고 표현한다. 하나님께서는 무한하신 분이기 때문에 하늘은 움직이지 않는 토대이다. 영계는 하늘 위에 만들어진 공간이다.

이러한 개념에서 말하자면 하늘(천국)은 곧 하나님이시요, 하나님께서는 곧 하늘(천국)이다. 천국이 이 땅에 임하셨다. 천국이 임한다는 의미는 하나님께서 이 땅에 오셨다는 뜻, 곧 하나님의 아들이신 예수 그리스도께서 이 세상에 오셨다는 뜻이요, 성령께서 아버지의 품에서 나오셔서 세상에 있는 성도들에게 오셨다는 뜻이다. 그러나 하나님 아버지는 영원히 움직이지 않으시는 하늘이시다. 그러므로 예수 그리스도로 믿는 그리스도인들은 천국을 모신 자들이요, 성령을 모신 성도들도 천국을 모신 자들이다. 이러한 의미에서 천국이 이 땅에 임한다는 것이다. 이것을 오해해서 이 세상에서 영원히 살 것이라고 믿어서는 안 된다. 이 땅은 영원한 아들의 아들의 나라도 아니요, 영광의 아버지의 집도 아니다. 성도들이 천국에 들어간다는 것은 이 땅에서 천국을 모신 자들이 영광의 아버지의 집으로 가는 것이다.

아버지의 집은 우주 밖, 하늘 위에 세워진 영계를 가리키는 것인데, 그곳은 장차 이 땅에서 하늘을 모신 자들이 영원히 살 처소이다. 그 영계는 지금까지는 예수 그리스도만이 계신 곳이요, 그를 수종 드는 천사만이 가득한 곳이다. 장차 예수 재림 때 첫째 부활에 참예할 자들이 예수 그리스도를 따라 같이 들어갈 영원한 나라이다. 이 땅이 영원할 것처럼 생각하는 자들은 이 땅에 속한 모든 것에 소망을 둘 것이다. 그러나 그들에게는 너무나 아쉽겠지만 성경은 그것을 말하고 있지 않다. 그들이 오해하는 이유가 바로 천국이 이 땅에 가까이 왔고, 이 땅에 임한다고 하는 말씀을 오해했기 때문이다. 요컨대 이 땅에 임한 천국은 예수 그리스도와 성령님이시다. 그리고 우리가 가야 할 천국은 '영광의 아들의 나라', '아버지의 집'으로써 우주 밖에 있는 영원한 나라이다.

그가 우리를 흑암의 권세에서 건져내사 그의 사랑의 아들의 나라로 옮기셨으니 (골 1:13)

너희는 마음에 근심하지 말라 하나님을 믿으니 또 나를 믿으라 2내 아버지 집에 거할 곳이 많도다 그렇지 않으면 너희에게 일렀으리라 내가 너희를 위하여 처소를 예비하러 가노니 3가서 너희를 위하여 처소를 예비하면 내가 다시 와서 너희를 내게로 영접하여 나 있는 곳에 너희도 있게 하리라 (요 14:1-3)

1 하늘과 땅

하늘은 공간이 아니고 땅(우주)은 공간이다. 우주는 땅이다. 하늘은 토대土臺이고 우주는 허공이다. 지구는 허공에 매달려 있는 큰 흙덩어리에 불과하다. 우주 안에 있는 모든 별들은 허공에 매달려 있는 것이다. 그렇기 때문에 우주 안에 있는 것은 불완전하고, 불안하다. 땅 위에 세워진 건물들도 크게 보면 허공에 매달려 있는 것이다. 사람들이 안전하다고 느낄 뿐이다.

앞에서 살펴본 바와 같이 하늘은 공간을 의미하는 것이 아니라 영이다. 하나님께서는 영이시다. 하나님께서는 하늘이시고, 하늘이 곧 하나님이시다. 이 개념은 영계가 창조되기 전의 일이다. 하나님께서는 영원히 움직이지 않으시고 변하지도 않는 속성을 가지고 계신다. 혹자는 하나님에 대해서 '속성'이라는 단어를 사용했다고 해서 불경스럽게 생각할 수 있겠으나 하나님만이 가지고 계시는 고유한 성품을 표현하자니 마땅한 단어를 찾지 못해 부득이하게 사용했음을 양해해주기 바란다.

> **각양 좋은 은사와 온전한 선물이 다 위로부터 빛들의 아버지께로서 내려오나니 그는 변함도 없으시고 회전하는 그림자도 없으시니라 (약 1:17)

하나님 아버지께서 무소부재 하시는 것도 모든 만물이 하나님 안에 지어졌기 때문이다. 앞에서 예를 들었지만 어떤 사람들이 하나님을 시험하여 "하나님께서 무소부재 하신다고 하시는데 그럼 지옥에도 계시는가?"라고 묻기도 한다. 영계가 하나님 안에 창조된 것처럼 지옥도 하나님 안에 창조된 것이다. 우주도 하나님 안에 지어진 것이요, 우주 안에 있는 바위와 물도 모두 하나님 안에 지어진 것들이다. 하나님을 벗어나 있는 것은 단 하나도 없다. 그러므로 하나님을 벗어나서 몰래 산다는 것 자체가 불가능한 것이다. 여기서 다루는 하늘은 '아들의 나라'나 '아버지의 집'의 개념이 아니라 모든 것의 근원이 되시며 토대가 되시는 하나님이신 하늘에 관한 개념이다.

하나님께서는 하늘 위에 영계를 창조하셨다. 영계를 창조하신 목적은 하나님의 아들을 위하여, 아들에게 상속하시려는 것이다. 하늘은 자존하시는 하나님이시다. 그 하늘 위에 영계라는 공간을 지으시고 천사들을 창조하셨다. 천사들은 그 나라의 주인인 하나님의 아들이 들어오시기 전까지 준비하다가, 하나님의 아들이 마침내 들어오시면 그를 영원히 섬기도록 지음을 받은 피조물이다. 그러므로 천사가 우주적 시·공간을 초월하는 존재이지만 영계의 공간을 초월하지는 못한다. 오직 유일하신 하나님만이 모든 공간을 초월하시는 분이시다. 하늘이 없이는 영계도 존재할 수 없는 공간이다. 그러나 오해하지 말아야 할 것은 필자가 영계는 공간이라고 표현했다고 해서 우주 같은 허공을 의미하는 것이 아니라 경계가 있다는 뜻이다. 그 경계 밖은 하나님이 될 것이다.

계속해서 강조하거니와 하늘은 허공이 아니다. 허공 안에 있는 것들은 회전한다. 또 어디론가 달려가기도 한다. 우주 자체가 변화하고 그 공간의 크기도 변한다. 그뿐만 아니라 우주 안에 있는 시간도 왜곡되어 시간이 다르게 지나간다고 한다. 이와 같이 변하는 것은 토대가 될 수 없고 오직 변하지 않는 근본이 되는 것만이 토대가 되는 것이다. 우주 안에서 만들어진 물질과 지식과 철학도 모두 변하기 때문에 토대가 될 수 없다. 주전 6세기부터 소피스트라고 불리는 탈레스부터 시작하여 그 유명한 철학자인 소크라테스, 플라톤, 아리스토텔레스는 끊임없이 만물의 근본根本을 찾으려고 사고思考했지만 찾지 못했다. 근본根本은 변하지 않는 것을 말하는데 성경에서는 그것을 진리라고 말한다. 진리는 우주 안에는 존재하지 않는다. 오직 우주 밖에 있는 하늘이 진리이다.

비판하기를 좋아하는 어떤 사람들은 필자의 이러한 주장을 플라톤의 이데아 사상을 받아들였기 때문이라고 할지 모르겠으나 필자는 플라톤이 주장하는 막연한 이데아를 말하는 것이 아니라 하나님께서 그의 아들을 통하여 확실하게 계시하신 말씀을 믿고 깨달은 것이다. 오직 말씀(로고스)만이 변하지 않는 토대가 되신다. 그러므로 모든 그리스도인들은 각자의 신앙이 어디에 속해 있는가 점검해야 한다. 신앙이 하늘(토대)에 속했으면 그 속한 곳으로 돌아갈 것이요, 허공宇宙에 속했으면 그 또한 그 속한 곳으로 돌아갈 것이다. 사람의 영혼은 어디로 갈 것인가? 영원한 하늘인가 아니면 음부인가? 예수 그리스도는 하늘에서 속하셨고, 하늘에서 오셨기 때문에 그 속한 곳으로 가셨고, 오신 곳으로 가셨다. 이것을 의義라고 말씀하셨다.

> **의**에 대하여라 함은 내가 아버지께로 가니 너희가 다시 나를 보지 못함이요 (요 16:10)

자신이 하늘에 속한 사람인지 허공에 속한 사람인지는 이 땅에서 결정된다. 하늘을 자기 영혼에 모신 사람은 하늘에 속한 사람이요, 그렇지 않은 사람은 허공에 속한 사람이다. 하나님께서 전능하신 능력으로 사람의 의지를 좌지우지左之右之하는 것이 아니라 모든 것은 자기의 의지에 따라 결정되는 것이다. 이것을 신학적인 문제로 접근하여 예정설을 주장하는 칼빈주의를 따를 것인지, 자유의지를 주장하는 아르미니안주의Arminianism를 따를 것인지의 문제로 인식해서는 안 된다.

> **내가 오늘날 천지를 불러서 너희에게 증거를 삼노라 내가 생명과 사망과 복과 저주를 네 앞에 두었은즉 너와 네 자손이 살기 위하여 생명을 택하고 (신 30:19)**

성경은 우리의 의지를 사용하여 선택하는 것이라고 가르치고 있다. 하나님의 예정적인 것을 의미하는 성경 구절도 있다. 그러나 필자는 여기서 어느 것이 맞는지를 따져 보자는 것이 아니다. 본말로 돌아가서 모든 사람은 이 땅에서 하늘이신 예수 그리스도와 성령님을 모셔야 하늘로 돌아갈 수 있다. 그렇지 않으면 자신이 선택한 허공에 남게 되는데 그 허공은 음부로서 장차 영원한 형벌을 받을 불못이 될 것이다(계 20:14). 이것은 세상 사람들을 협박하려는 것이 아니라 영원한 형벌을 받지 말라고 길을 알려주는 것이다. 그래서 복음은 살길을 알려주는 것이다. 복음은 이 땅에서 하늘을 모시라고 설득하는 것이다. 구원은 하늘이 이 땅에 오지 않으면 인간이 하늘을 모신다는 것은 절대로 불가능한 하나님의 일방적인 은혜이다. 그 일방적인 은혜로써 하나님과 언약을 체결하는 것이다. 이 땅에서 창조된 인간이 하늘에 속할 수 있는 유일한 방법은 하늘을 모셔서 하늘과 하나가 되는 것이다.

> **나**는 세상에 더 있지 아니하오나 저희는 세상에 있사옵고 나는 아버지께로 가옵나니 거룩하신 아버지여 내게 주신 아버지의 이름으로 저희를 보전하사 우리와 같이 저희도 하나가 되게 하옵소서 (요 17:11)

이 방법을 알지 못하는 사람들이 자신의 수고와 공功으로써 하늘에 속하려고 평생 수양하지만 그저 헛수고일 뿐이다.

지구를 토대로 여기며 살아가는 사람들은 참으로 어리석다. 현대의 과학문명으로도 지구는 허공에 매달려 있는 흙덩어리라는 것이 명백함에도 불구하고 깨닫지 못한다. 사람들이 흙을 밟고 서 있을 수 있는 이유는 그저 중력이라는 힘이 작용하기 때문이다. 거대한 건축물들도 땅 위에 세워지기 때문에 땅이 토대라고 생각하지만 지구 위에 있는 모든 것들은 지구를 중심으로 다 기울어져 있고 중력이라는 힘으로 견디는 것뿐이다. 허공에 매달려 있는 지구가 떨어져 나간다면 그 안에 있는 모든 것들은 같이 떨어져 나갈 것이다.

많은 사람들이 그런 일이 일어나는 것은 불가능하다고 말할지도 모르겠다. 그러나 그러한 신념도 허공 안에서 얻은 믿음에 불과하다. 토대인 하늘만이 변하지 않기 때문에 신실하고, 진리이다. 우주 안에 있는 그 어떤 것도 100% 신뢰할 것이 전무全無하다. 인간 안에는 허공 안에서 생긴 정욕이라는 것이 가득 차 있기 때문에 '인간'이라는 대상도 신뢰할 수 없다. 스스로 지혜 있다고 여기는 어리석은 사람들아! 그대들이 알고 있는 지식은 그저 땅(우주)에 있는 것을 아는 초등학문이다.
하늘에 있는 지식을 얻으면 생명을 얻을 수 있다.

2 실상과 그림자

> 그러므로 하늘에 있는 것들의 모형은 이런 것들로서 정결케 할 필요가
> 있었으나 하늘에 있는 그것들은 이런 것들보다 더 좋은 제물로 할지니
> 라 ²⁴그리스도께서는 참 것의 그림자인 손으로 만든 성소에 들어가지 아
> 니하시고 오직 참 하늘에 들어가사 이제 우리를 위하여 하나님 앞에 나
> 타나시고 ²⁵대제사장이 해마다 다른 것의 피로써 성소에 들어가는 것같
> 이 자주 자기를 드리려고 아니하실지니 ²⁶그리하면 그가 세상을 창조할
> 때부터 자주 고난을 받았어야 할 것이로되 이제 자기를 단번에 제사로
> 드려 죄를 없게 하시려고 세상 끝에 나타나셨느니라 (히 9:23-26)

우주 밖에 있는 하늘은 실상이다. 하늘만이 실상이요, 우주라는 허
공 안에 있는 모든 것은 비유이다. '실상'이라는 말은 변하지 않는다는
뜻이고, 비유라는 말은 변한다는 뜻이다.

> 믿음은 바라는 것들의 실상이요 보지 못하는 것들의 증거니 ²선진들이
> 이로써 증거를 얻었느니라 (히 11:1-2)

'실상'이라고 번역된 헬라어 *ὑπόστασις*휘포스타시스는 '본체', '실체', '자신감'
이라는 뜻을 가지고 있다. 믿음은 하나님의 본체시요, 하나님의 실상
이시요, 믿음을 가진 그리스도인들은 하나님께 나아갈 때 자신감을 가
지고 나아갈 수 있다는 의미를 가진다. 그러므로 믿음은 관념적이거나

철학적인 것이 아니라 하나님께서 계신 하신 말씀이다.

의義, Righteousness는 변하지 않는 실상을 말하는 것이다. 오늘날 교회 안에서 이 땅의 의義, Righteousness를 실현하려는 사람들이 있는데 그들이 실현하려고 하는 것은 의義, Righteousness가 아니라 그들의 사상思想이요, 신념일 뿐이다. 의義가 되기 위한 가장 필수적인 조건은 실상이어야 한다는 것이다. 실상이 아닌 모든 것은 비유요, 그림자이다. 이러한 사상을 플라톤의 이데아 사상이라고 한다. 그래서 일부 학자들은 히브리서의 저자가 이러한 플라톤의 철학에 영향을 받아서 실상과 비유에 대해 기록한 것이라고 주장하기도 한다. 그러나 지금 필자는 고대 헬라 철학을 가르치거나 말하려는 것이 아니다. 필자는 성경은 성령의 감동함을 받은 신령한 사람들이 기록한 하나님의 말씀이라고 믿는다. 하나님의 말씀을 표현함에 있어 당시의 철학이나 문학적인 기법을 사용했을 수 있겠으나 그것은 하나님의 말씀을 이해시키기 위한 방편이었을 뿐이다. 본질은 하나님의 말씀이다. 하나님의 말씀은 영이시다(요 6:63). 영이신 하나님의 말씀을 인간들에게 가르치기 위해서는 인간들이 사용하는 언어와 문화와 철학과 사상을 사용할 수밖에 없다는 것을 이해해야 한다. 그래서 영감이라고 하는 말씀을 받은 사람만이 성경을 이해하고 깨달을 수 있다.

의義는 허공이라는 우주에 속한 것이 아니라 하나님에게서 나오는 실상이기 때문에 우주 안에서 생겨난 사람들의 가치관이나 사상과 철학은 절대로 의義가 될 수 없다. 절대 다수가 원하는, 공공公共이 원하는 것이 절대적으로 의義가 될 수는 없는 것이다. 하나님만이 의義, righteousness가 되시는 가장 중요한 이유는 하나님의 독선이 아니라 하나님만이 영원 전부터 계신 토대이시기 때문이다. 하나님이 판단하시는 기준이 바로 의義이다. 하나님의 의義는 영적이어서 사람의 육안으로 볼 수 없고 이성으로 알 수 없으며 감정으로 느낄 수 없다. 오직 말씀에 순종하는 겸손한 영으로만 알 수 있고 깨달을 수 있다. 우주 안에 있는 것은 눈으로 보이는 물질 세계이다. 눈에 보이는 세계는 보이지 않는 세계의 그림자이다.

> **믿음으로** 모든 세계가 하나님의 말씀으로 지어진 줄을 우리가 아나니 보이는 것은 나타난 것으로 말미암아 된 것이 아니니라 (히 11:3)

실상의 세계와 그림자의 세계가 있듯이 실상의 존재와 그림자의 존재도 있다. 이것은 큰 틀에서는 조물주와 피조물의 관계이다. 피조물 중에서 인간은 유일하게 영, 혼, 육을 가지고 있다. 이것은 분리할 수 있는 각각의 존재라는 것이 아니라 기능적으로만 구분하는 하나의 존재이다.

> **평강의** 하나님이 친히 너희로 온전히 거룩하게 하시고 또 너희 온 영과 혼과 몸이 우리 주 예수 그리스도 강림하실 때에 흠 없게 보전되기를 원하노라 (살전 5:23)

사람을 구성하고 있는 요소는 육체만 있는 것이 아니라 영과 혼도 있다. 영과 혼을 합쳐서 영혼이라고 부르지만 그 기능은 완전히 다르다. 영혼은 이 세계에서 사유思惟 등을 통해서 합성되는 후천적인 것이 아니라 하나님으로부터 받은 것이다. 사람의 모든 것이 다 하나님께 지음 받은 것이지만 육체와 혼은 우주 안의 것으로 지음을 받은 것이고 영은 영계에서 창조되어 육체 안으로 들어온 것이다. 그래서 육체와 영은 그 속성이 다르다. 육체는 우주 안에서 왔기 때문에 한시적이지만 영은 하늘에서 지음을 받아서 온 것이기 때문에 영원하다. 말하자면 한시적인 육체는 영원한 영을 담고 있는 질그릇과 같은 존재이다. 우주 안에 있는 모든 육체는 흙에서 나왔기 때문에 언젠가는 흙으로 돌아간다. 이것이 의義이다.

이처럼 하늘에서 지음 받은 영은 인격인 혼과 연합하여 하늘로 돌아가는 것이 의義이다. 그러나 하나님의 인간 사이를 이간하는 마귀로 말미암아 하늘로 돌아가지 못하는 존재로 타락하게 되었는데 그것이 불의不義다. 영원한 존재, 하나님의 복을 받은 존재로서 영원하든지 아니면 형벌을 받는 존재로서 영원하든지 양자택일을 해야 한다. 영은 한시적인 육체의 실상이라 말할 수 있다. 영은 자기의 본향인 하늘을 그리워하고, 육체는 자기의 본향인 우주를 그리워하고 사모한다. 육체의 정욕의 사람은 우주의 것을 사모하는 사람이요, 영적인 사람은 하늘의 것을 사모하는 사람이다. 이것도 사모하고 저것도 사모하는 것은 불가능하고 반드시 둘 중에 하나만을 선택해야 한다. 동전을 던지면 앞면 아니면 뒷면이 나오게 되지, 앞면과 뒷면이 동시에 나올 수는 없는 이치와 같다.

그렇기 때문에 모든 그리스도인들은 끊임없는 갈등을 하게 된다. 세상 사람은 오직 우주적인 물질만 사모하며 살기 때문에 갈등하지 않는다. 그리스도인 중에서 목회자도 갈등하고, 신학자도 갈등하고, 평신도

지도자도 갈등하고, 평신도도 갈등하고, 새 신자도 갈등하고 모든 사람이 갈등한다. 이와 같이 정욕과 영 사이에서 갈등하는 것은 그리스도인의 숙명이다.

> **내** 속 사람으로는 하나님의 법을 즐거워하되 [23]내 지체 속에서 한 다른 법이 내 마음의 법과 싸워 내 지체 속에 있는 죄의 법 아래로 나를 사로잡아 오는 것을 보는도다 [24]오호라 나는 곤고한 사람이로다 이 사망의 몸에서 누가 나를 건져내랴 (롬 7:22-24)

'곤고한'이라고 번역한 헬라어 '탈라이포로스$_{ταλαίπωρος}$'는 '가엾은', '비참한'이라는 뜻이다. 이 단어는 신·구약 성경에 총 3번 사용되었다. 바울의 고백은 자기 자신이 갈등에서 오는 마음의 고통이 얼마만큼 큰지 보여주고 있다. 이것은 단지 바울의 문제가 아니라 육체를 가지고 있는 모든 그리스도인들의 문제로 인식해야 한다. 바울의 이러한 갈등은 육체가 사모하는 것과 영이 사모하는 것이 달라서 서로 원하는 것을 하려고 하기 때문이다. 그러나 사람에게는 오직 하나의 의지만이 있어서 반드시 하나만을 선택해야 한다. 실상을 사모해야 한다는 것은 알지만 당장에 감각적으로 알 수 있는 그림자 같은 육체를 초월하기 어렵기 때문에 갈등하는 것이다.

혹자는 "나는 신령하기 때문에 갈등하지 않는다"라고 할 수도 있을 것이나 그것은 매우 어려운 일이다. 쉬운 일은 아니지만 영이 사모하는 하늘의 것을 사모하며 살 수 있고, 편하게 눈에 보이는 그림자인 우주의 것을 따라 살 수도 있다. 그러나 확실하게 깨달아야 할 것은 육체가 있는 동안, 그러니까 살아있는 동안에 무엇을 사모하면서 쫓아 살았는 지에 따라서 그 이후가 결정된다는 것이다. 실상을 사모하며 육체를 극복한 사람은 그 영혼은 실상의 나라로 갈 것이지만 그림자의 나라를 사모하며 산 사람은 그 영혼이 실상의 나라로 가지 못하고 우주에 머무르고 말게 될 것이다.

실상은 의義, righteousness다. 율법은 의義에 대하여 말하는 것이요, 의義를 찾아가기 위하여 하나님께서 천사를 통하여 주신 것이다(행 7:53). 의義, righteousness는 실상이신 예수 그리스도께서 이 땅에 임하실 때 비로소 나타나신 것이다.

율법은 모세로 말미암아 주신 것이요 은혜와 진리는 예수 그리스도로 말미암아 온 것이라 (요 1:17)

복음은 하나님의 사랑이요, 하나님의 사랑은 실상이다. 하나님의 의義도 하나님의 사랑에서 시작된 것으로써 하나님의 사랑은 천상천하에 하나님만이 가지고 계시는 고유한 속성이다. 복음에는 하나님의 의義가 나타나고(롬 1:17), 믿음은 의義다. 그리고 믿음은 예수 그리스도의 말씀으로 말미암는다(롬 10:17). 이 땅에 있는 것 중에서 예수 그리스도로 말미암아 나타난 것만이 실상이다.

예수 그리스도께서 주신 믿음은 우주가 있기 전에, 영계가 있기 전에, 하늘이신 하나님만이 스스로 계실 때부터 함께 있던 실상이다. 그것은 변하지 않고 없어지지도 않는다. 이것을 '진리'라고 한다. 진리는 실상을 말하는 것이다. 다시 말하면 진리는 시작한 날도 없고 회전하지도 않으며 변하지도 않는 영원 전부터 영원하신 하나님이시오, 라는 말씀이시다(요 1:1, 12:50). 각자가 무엇을 사모하며, 무엇을 쫓아 살지 결단해야 한다. 이 결단은 믿음을 바탕으로 이루어지는 것이기 때문에 믿음이 있으면 실상을 위해 살 것이요, 믿음이 없으면 그림자를 위해 살 것이다. 비록 육체가 이 땅에서 살지라도 실상이신 말씀을 따라 순종해야 한다. '순종한다'의 원어적인 진정한 의미는 '스스로 항복하다'이다. 순종은 강압에 의한 것이 아니라 스스로 말씀에 항복하여 따르는 것이다. 이 순종의 끝이 영생이다.

노인성 관절염이 치료받다

오늘은 오랜만에 어머니를 뵙고 왔다. 사실 나는 나이가 48살이나 되어도 어머니를 엄마라고 부른다. 이러한 나를 다른 이들은 닭살이라고 할 것 같다. 어머니가 해주는 김치만두는 세계 최고이다. 적어도 나에게는 그렇다. 나는 손으로 빚은 큰 만두를 30개를 앉은 자리에서 먹는다. 게다가 그렇게 하루 세끼를 만두로 먹었다. 사랑하는 아들을 위하여 뚝딱 하고 만두를 빚을 수 있는 정정하신 어머니가 참으로 감사하다.

나의 어머니는 당시(2017년) 73세이시다. 이렇게 고령이신데도 밭에 품꾼으로 일을 하신다. 심지어 어머니 댁이 경기도 화성시 향남읍 행정리인데 강원도까지 품을 팔기 위해 일을 가신다고 했다. 그렇게 멀리 일을 갈 때는 새벽 2시부터 일어나서 일을 가기 위해 준비해야 한다고 하셨다. 아침 7시부터 오후 2시까지 밭에 구부리고 앉아서 해야 하는 고된 일이라는 것을 잘 알기 때문에 왜 그렇게 힘든 일을 하시냐고 했더니 "놀면 뭐하냐? 누가 이렇게 나이 많은 사람한테 일 시키고 돈을 주냐? 일 시켜 주는 사람 있을 때 한 푼이라도 벌어야지"라고 하셨다. 사실 나는 어머니의 편찮으신 무릎이 걱정되어 한 말이었다.

어머니는 오래전부터 무릎이 아프셨다. 그래서 나와 작은누나, 큰누나가 글루코사민을 많이 사드렸으나 효과를 보지 못했다. 그러다가 내가 아부다비에서 알게 된 MSM(식이유황)을 복용하시고 어느 정도 효과를 봤었으나 일을 할 정도로 호전되지는 않았다. 오늘 나는 어머니께 무릎은 아프시지는 않은지 여쭤봤다. 어머니는 아프지 않다고 하시면서 북어(마른 명태)를 먹었더니 좋아진 거 같다고 하셨다. 북어를 먹고 노인성 무릎관절이 회복될 리는 만무하다. 그래서 언제부터 좋아지셨냐고 물어봤더니 2017년 2월부터 좋아지셨다고 했다.

사실 나는 2017년 설날에 어머니를 뵈러 갔다가 설날 당일 저녁에 어머니가 갑자기 머리가 아프고 어지럽다고 하셨다. 그래서 내가 예수 이름으로 귀신을 쫓았다. 귀신은 즉시 나갔고 머리가 시원해지고 다리에 힘이 빠진다고 하시면서 5분 정도 누워 계셨다. 그때 무릎 아픈 병도 같이 나으신 것이다.(할렐루야!) 그렇게 해서 어머니께서는 건강을 회복하셨다. 하나님의 이름은 선하시며 의로우시다. 하나님의 이름을 내게 기업으로 주신 하나님을 찬양합니다. 하나님 아버지여! 이름이 높임을 영영히 받으소서 진실로!

홍반성 루푸스가 치료받다

나는 누나가 2명이 있다. 작은누나는 경기도 화성에 살고, 큰누나는 일본 후쿠이라는 작은 도시에서 산다.

나는 2017년 3월 신학대학원에 입학했다. 입학한 지 얼마 지나지 않아 학교 근처에서 가스폭발이 있었고 그 여파로 학교 건물이 훼손되어 1주일간 휴교를 했다. 그때 나는 일본에서 살고 있는 큰누나를 만나서 복음도 전하고 하나님께 구하여 지혜의 병을 치료하고자 일본을 방문했다. 지혜는 큰누나의 딸이며 일본에서 우리나라로 치면 도_道 대표 중등부 스키선수였고 일본 전국 체전에도 참가한 실력 있는 스키선수였다. 그렇게 운동선수로 건강하던 조카가 '홍반성 루푸스'라는 병에 걸렸다. 홍반성 루푸스는 자가 면역 질환으로서 지혜의 신장을 망가뜨렸다. 신장이 기능을 하지 못해 단백질과 당이 소변으로 빠져나갔고 그 후유증은 실로 심각했다. 큰누나 말에 따르면 체중이 1주일 만에 25킬로 늘었다고 했다. 지금은 붓기가 다 빠졌으나 온몸에 살이 튼 흔적이 그때의 어려움을 그대로 말해주는 것 같았다.

나는 조카를 처음 본 순간 깜짝 놀랐다. 몸의 부기는 많이 빠졌는데 얼굴의 부기가 빠지지 않았다. 조카의 얼굴이 너무 부어있어서 알아보지 못할 지경이었기 때문이었다. 2015년 여름에 한국에서 휴가를 같이 보냈는데 그때까지만 해도 지혜는 수영도 잘하는 건강한 학생이었다. 나는 속으로는 많이 놀랐으나 겉으로는 태연한 척했고 아무렇지 않게 조카를 안아 주었다. 나는 누나에게 전능하신 하나님을 소개했다. 오늘을 살고 우리에게 지금 명령하시니 "네 침상을 들고 일어나라" 하신다는 하나님의 말씀을 전했다. 누나는 "아멘"이라고 대답했지만 단지 성경 속에서만 존재하는 전능하신 하나님으로만 이해하는 것 같았다. 왜냐하면 의학이 상당히 발달한 일본에서 의사에게서 이 병은 치료하기 힘들다는 진단을 받았기 때문이라 생각했다.

나는 누나에게 의사의 말에 권위를 두지 말고 전능하신 하나님의 말씀에 권위를 두라고 믿음을 전했다. 나는 일주일 동안 계속 믿음을 전했다. 그리고 누나에게서 예수 이름으로 귀신을 쫓아냈다. 귀신이 쫓겨나 간 후에 누나는 항상 어깨가 눌리는 듯한 무거움이 없어졌다고

2017년 3월
부기가 빠지지 않은
조카의 모습

2017년 8월
부기가 다 빠진
조카의 모습

간증했다. 누나의 친구에게서도 귀신을 쫓아냈다. 내가 일본에서 돌아오는 날 지혜를 위해 하나님께 간절히 기도했다. "하나님 아버지 이 가정과 영혼이 하나님의 영광을 보게 하옵소서!"

그러고 나서 5개월이 지났다. 얼마 전에 큰누나랑 통화를 했다. 지혜의 안부를 물으니 얼굴의 부기가 다 빠졌다고 했다(주님을 찬양합니다! 하나님의 영광을 나타내주심에 감사드립니다.) 큰누나는 내가 운영하는 밴드에도 가입되어 있다. 예수 그리스도는 어제나 오늘이나 영원토록 동일하시다.

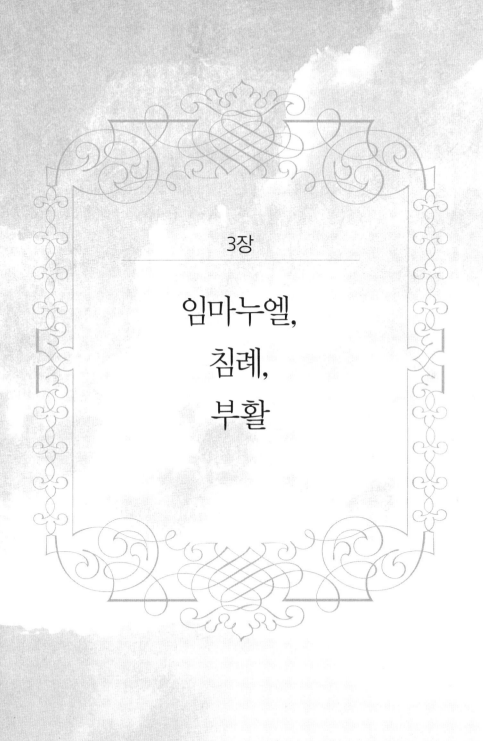

3장

임마누엘,
침례,
부활

§

　임마누엘의 믿음과 침례와 부활은 그리스도인의 신앙을 지탱하는 세 기둥이다. 그러므로 임마누엘과 침례와 부활을 체험하지 못하면 진정한 신앙인이라 할 수 없을 것이다. 그리스도인의 믿음은 하나님의 아들이 말씀이 육신이 되어 오셨다는 것을 믿으며, 그리스도인들도 그의 죽음과 부활에 연합한다는 믿음을 형상화한 것이 침례이며, 마침내 부활하여 영생한다고 믿는 것이다. 이 세 가지는 세상의 종교와 기독교가 구별되는 표지가 되는 것이다.

1 임마누엘

그러므로 주께서 친히 징조로 너희에게 주실 것이라 보라 처녀가 잉태하여 아들을 낳을 것이요 그 이름을 임마누엘이라 하리라 (사 7:14)

임마누엘אל עמנו 을 번역하면 '하나님이 우리와 함께 계시다'이다. 하나님께서 인간과 함께하시기 위하여 이 땅에 말씀을 보내셨고, 근본 본체이신 예수께서 십자가에서 피 흘려 죽으시고, 삼 일 만에 부활하셔서 오백여 명이 보는 곳에서 승천하셔서 하나님의 우편 보좌에 앉으신 이후에는 하나님 아버지께 구하여 성령을 성도들의 영혼에 보내 주셨다. 성령께서 성도들의 영혼에 임하신 것은 하나님께서 영원히 떠나지 않는다는 표적이다.

그러므로 오늘날 성도들이 성령을 받는 것은 예수 그리스도의 예언預言을 성취하는 것이요, 가장 중요하고 급한 일이다. 성령을 받는 것은 기독교가 세상의 종교와 구별되는 가장 확실한 표적이요, 성령의 은사를 받아서 성령의 나타나심을 증거하는 것도 또한 그러하다. 이것뿐만 아니라 믿는 자들에게 나타나는 표적도 하나님께서 우리와 함께하신다는 임마누엘의 증거이다. 필자는 이러한 이적異蹟은 없고 교리만 가득한 교회는 무능한 세상 있는 많은 종교 중 하나에 불과하다고 주장한다. 임마누엘은 주님의 약속을 받는 일이요, 하나님의 약속이다.

> **믿고 침례를 받는 사람은 구원을 얻을 것이요 믿지 않는 사람은 정죄를 받으리라 [17]믿는 자들에게는 이런 표적이 따르리니 곧 저희가 내 이름으로 귀신을 쫓아내며 새 방언을 말하며 [18]뱀을 집으며 무슨 독을 마실찌라도 해를 받지 아니하며 병든 사람에게 손을 얹은즉 나으리라 하시더라 [19]주 예수께서 말씀을 마치신 후에 하늘로 올리우사 하나님 우편에 앉으시니라 [20]제자들이 나가 두루 전파할쌔 주께서 함께 역사하사 그 따르는 표적으로 말씀을 확실히 증거하시니라 (막 16:16-20)**

종교적인 관점에서 보면 기독교는 종교이다. 그러나 필자는 기독교는 종교가 아니라고 주장한다. 만약 이러한 하나님의 약속된 임마누엘의 이적이 없다면 기독교는 한낱 종교로 전락하고 말 것이다. 그러므로 누군가 필자에게 기독교 종교를 믿으라고 한다면 단호하게 거부할 것이다. 필자는 기독교 종교인이 아니라 예수를 나의 구세주요, 그리스도시요, 살아 계신 하나님의 아들로 믿는 신령한 사람이요, 성령을 힘입어 귀신을 쫓아내고 그리스도의 신유를 행하는 그리스도의 종이다. 신학이 아무리 그리스도의 거룩한 이적을 부정하려고 할지라도 이것은 실상이다.

필자도 구약을 연구하는 구약학자이다. 그러므로 필자도 구약학을 연구한 학자들의 업적을 100% 인정하고 존경한다. 어떤 학자들은 기독교를 다른 종교 중 하나라고 주장하기도 하지만 다른 종교는 임마누엘의 증거가 없다. 오직 기독교만이 임마누엘의 증거가 있다. 예수께서 태초부터 하나님께 함께 계신 말씀이 육신이 되어 불과 이천 년 전에 나타나신 것이라는 확실한 증거는 오순절에 성령께서 임하신 사건이요, 그 사건이 오늘날에도 여전히 동일하게 나타난다는 것이다. 만약 다른 종교에도 임마누엘 하신 증거가 있다면 기독교도 그저 종교 중 하나이겠으나, 오직 예수 그리스도의 교회만이 임마누엘 하신 증거를 가지고 있다.

그러나 오늘날 현실은 너무나 안타깝게도 자칭 기독교회라는 곳에서, 자칭 주의 종이라고 하는 사람들이 이러한 임마누엘 하시는 증거를 부정하고 있다. 필자는 진실로 이들의 정체가 궁금하다. 임마누엘은 성도들의 소망이요, 능력이요, 하나님의 열심이다.

겸손한 주의 성도들이여! 임마누엘의 능력을 소유하자.

2 침례

  침례는 주님의 명령이고, 세례는 사람들이 교리로써 만들어 낸 것이다. 오늘날 그리스도의 교회에서 왜 '세례'라는 용어를 차용해서 사용했는지 정확하게는 알 수 없으나 성경은 침례를 가르치고 있다. 필자는 침례교의 교리를 주장하는 것이 아니라 그 뿌리를 찾아 말하는 것이다. 침례인가 세례인가 하는 용어의 문제가 아니라 그것의 진정한 의미를 알자는 것이다. 그러므로 침례라 해도 좋고 세례라고 해도 좋지만 필자는 원어적인 측면을 고려하여 침례라는 용어를 사용하는 것이 좋다고 여겼다. '침례'라고 번역된 헬라어 밥티조$_{βαπτίζω}$는 물속에 완전히 잠기는 형태로 아람의 군대 장관이 요단강에 완전히 들어갔을 때에도 동일한 단어를 사용한다(왕하 5:14). 침례가 의미하는 것은 우리를 죽음(아담)의 영역에서부터 생명의 예수 그리스도 안에 옮겨 놓은 객관적인 표지이다.[*] 그 명칭은 침례라고도 부르고 침수侵水라고도 한다. 그런데 지금의 세례의 형태로 바뀌게 된 이유는 초대교회까지 올라가야 한다. 바울은 감옥에서도 죄수들을 전도했는데 죄수들이 감옥에서 예수를 믿게 되었을 때 그들에게 침례를 베풀 수 없었다. 혹은 예수를 그리스도로 믿는 믿음은 있을지라도 지형상 혹은 지역상 침례를 받기에 충분한 물이 없는 장소도 마찬가지였을 것이다. 그때는 관수灌水의 형태로 베풀었다고 한다. 그러다가 점차 지금의 세례 형태로 바뀌어 간 것이다.

---

[*] 킷텔단권 원어사전(TDNT) p123

로마의 교황이 세례를 공식적으로 가톨릭의 교리로 선포한 이후로 지금까지 줄곧 세례를 베풀게 되었다. 기독교가 공인된 313년부터 교회에서 세례는 점차 '죄 사함'의 표지로 인식되었다. 그래서 기독교를 공인한 로마의 콘스탄틴 황제는 죽기 직전에 세례를 받고 죽었다고 한다. 왜냐하면 세례를 받고 죄 없는 상태에서 죽어야만 천국에 들어갈 수 있다고 믿었기 때문이다. 이러한 교리는 주후 4세기 어거스틴에 의해서 원죄론이 등장한 이후에 더욱 발전하게 되어 유아세례로 발전하게 되었다. 유아세례는 태어나자마자 세례를 베풂으로써 죄 사함을 받도록 한 것이다.

　이러한 상황 속에서 침례는 죄 사함의 방법이 아니라 믿는 자들이 받아야 하는 믿음의 표시로 인식하고 유아세례를 부정하는 '재침례파Anabaptist'라고 불리는 사람들이 생겨났다. 그들은 유아세례를 철저하게 부정했고, 로마 교회에 저항하지도 않았다. 사실 '재침례파'라는 이름은 로마 가톨릭에 의해 붙여진 이름인데 그들은 재침례를 주장한 것이 아니라 유아세례를 부정하고 예수 그리스도를 믿는 사람들은 침례로 믿음을 고백해야 한다고 주장한 것이기 때문에 '재침례'라는 명칭은 사실 누명에 가까운 것이다. 로마 가톨릭은 그들에게 '재침례파'라는 누명을 씌워 핍박하기 시작하여 6천만 명을 죽였다고도 한다. '스위스형제단'으로 시작한 재침례교도들은 믿는 자들의 침례를 주장했다. 이것이 세례와 침례의 대략적인 역사이다.

　가톨릭 사제였던 마틴 루터에 의해 종교 개혁이 일어났으나 이러한 역사를 알지 못하고 세례를 채택한 개혁주의 운동은 큰 잘못을 범하고 말았다. 다시 강조하거니와 필자는 침례교의 교리를 말하는 것이 아니라 진리를 말하고 싶은 것이다. 침례는 예수 그리스도의 명령이요, 사도들이 예수 그리스도의 명령을 받아 순종한 것이요, 그것을 사도 바울도 순종한 것이다(행19:4-5). 이러한 초대교회 전통을 이어받았다면 마땅히 침례를 베풀어야 할 것이다.

침례는 의식이 아니다. 침례를 의식일 뿐이라고 주장하는 사람들도 있겠으나 그것은 복음을 잘 이해하지 못하는 주장이다. 침례를 의식으로만 생각하기 때문에 '세례'라고 하는 간략한 의식으로 진행해도 무방하다고 생각했을 것이다. 예수께서는 간혹 구약성경을 인용하셨고 새 계명으로 주신 것이 구약의 율법의 강령인 "사랑하라"였다.

> **예수께서 가라사대** 네 마음을 다하고 목숨을 다하고 뜻을 다하여 주 너의 하나님을 사랑하라 하셨으니 [38]이것이 크고 첫째 되는 계명이요 [39] 둘째는 그와 같으니 네 이웃을 네 몸과 같이 사랑하라 하셨으니 [40]이 두 계명이 온 율법과 선지자의 강령이니라 (마 22:37-40)

예수께서는 구약의 강령인 "사랑하라"는 것을 새롭게 말씀하셨다. 예수께서 말씀하신 것은 새 계명이다. 율법은 본래 이스라엘에만 주신 것인데, 그것을 예수께서 말씀하심으로써 온 인류에게 확장시켜서 적용하신 것이다. 이와 같이 침례는 요한이 베풀던 것인데 요한은 구약의 마지막 인물이다. 구약 때 베풀던 침례를 예수께서 다시 말씀하신 것은 이스라엘에 베풀던 침례를 온 인류에게 확장시키신 것이다.

"은혜와 진리는 예수 그리스도로 말미암아 온 것이다"라는 성경말씀을 기억하자(요 1:17). 침례는 의식이 아니라 진리, 곧 실상을 말하는 것이다. 땅에서 창조된 아담을 아버지라고 부르던 인류가 마침내 침례를 통하여 하나님을 아버지라고 부르게 되었다. 이것은 하나님께서 일방적으로 베푸신 은혜 위에, 침례를 받으라 하신 계명에 순종한 자들에게 주신 언약이다. 그러므로 침례는 '세례가 맞느냐, 침례가 맞느냐'라는 교리적 문제가 아니라 주님의 명령에 순종하는 문제이다. 필자도 1994년도 1월에 경남 창원에서 계곡에서 얼음을 깨고 침례를 받았는데 그 교회는 장로교회(백석교단)였다. 그러므로 이것을 교리의 문제로 여기지 말고 아담이라는 나무에서 끊어져 예수라는 나무로 접붙임 되는 과정으로 믿고 순종하는 것이 필요하다고 생각한다.

침례는 나의 과거를 장사葬事지내는 것이요, 과거를 '장사葬事지낸다'라는 말은 예수를 나의 구세주로 믿기 전에 아담을 아버지라 부르던 때에 가졌던 사망과 저주를 장사 지낸다는 뜻이다. '장사葬事지낸다'라는 말은 '끝낸다'라는 뜻이다. 그러므로 침례는 믿는 자가 행하는 의식이 아니라 아담 아래에서 가지고 있던 원죄를 완전히 끝내는 것이다. 그렇기 때문에 침례받은 사람에게는 더 이상 아담의 원죄가 사망과 저주를 주장하지 못하게 되는 것이다.

예수 그리스도께서 십자가에서 보혈을 흘리신 것은 단번에 인류의 죄를 담당하심으로써 살 수 있는 길을 열어 주신 것이지 당장에 모든 인류를 살려주신 것은 아니다. 침례는 죄인인 인간이 살 수 있는 길은 '아담'이라는 나무에서 끊어져 나와서 '예수'라는 나무에 접붙임 되는 것이다. '예수'라는 나무에 흐르는 생명은 하나님의 아들의 생명이 아니라 하나님 아버지의 생명이다. 그래서 예수 안에 있는 모든 자들은 하나님 아버지의 생명으로 살게 된다. 하나님 아버지의 생명을 "영생"이라고 부르는 것이다. 그러므로 침례받은 성도가 받을 영생과 예수 그리스도의 영생은 동일하다. 성경은 예수 그리스도를 하나님의 맏아들이라 기록하고 있으며, 예수께서 우리를 형제라 부르기를 부끄러워하지 않는다고 기록하고 있다.

> 거룩하게 하시는 자와 거룩하게 함을 입은 자들이 다 하나에서 난지라 그러므로 형제라 부르시기를 부끄러워 아니하시고 12이르시되 내가 주의 이름을 내 형제들에게 선포하고 내가 주를 교회 중에서 찬송하리라 하셨으며 (히 2:11-12)

형제는 한 아버지에게서 생명을 나눈 혈육을 말한다. 침례는 이러한 과정을 완성하는 아주 중요한 것이다. 그러나 많은 그리스도인들이 침례의 진정한 의미를 깨닫지 못하고 하나의 의식으로 생각하기 때문에 자신이 조상으로부터 물려받은 운명을 장사지내지 못하고 여전히 마귀의 저주와 사망 아래에 머무르고 있다. 마귀는 침례를 받은 그리스도인들이라고 하더라도 여전히 운명 아래 있다고 속인다. 마귀는 속이는 자로서 모든 거짓의 아비이다(요 8:44). 자신의 신분을 깨닫지 못하는 그리스도인들은 마귀에게 속아서 하나님의 자녀로서 권세를 주장하지 못하고 오히려 마귀에게 끌려다니며 그것을 운명처럼 여기며 살고있는 실정이다.

침례는 영적인 활동이다. 육안으로 보면 그저 물에 들어갔다 나오는 행위이지만 영적으로는 엄청난 사건이 벌어지고 있는 현장이다. 예수께서도 침례를 받고 물에서 올라오실 때 하나님께서 "저는 내 사랑하는 아들이요 내 기뻐하는 자라"고 말씀하셨다(마 3:17).

혹자는 "반드시 침례를 받아야만 되고 세례를 받으면 안 되는 건가?"라고 물을 수 있다. 그러나 침례는 의식을 말하는 것이 아니라 실상을 말하는 것이다. 다시 말하면 내가 이제는 아담을 아버지라 부르지 않고 하나님을 아버지라고 부르는 신분임을 인정하고 고백하고 시인하는 것이 진정한 침례이다. 그렇기 때문에 반드시 물속에 들어갔다가 나오는 것만을 의미하는 것은 아니다. 침례는 하나님이 나와 함께 하시는 임마누엘을 바탕으로 이루어지는 것이다.

달린 행악자 중 하나는 비방하여 가로되 네가 그리스도가 아니냐 너와 우리를 구원하라 하되 [40]하나는 그 사람을 꾸짖어 가로되 네가 동일한 정죄를 받고서도 하나님을 두려워 아니하느냐 [41]우리는 우리의 행한 일에 상당한 보응을 받는 것이니 이에 당연하거니와 이 사람의 행한 것은 옳지 않은 것이 없느니라 하고 [42]가로되 예수여 당신의 나라에 임하실 때에 나를 생각하소서 하니 (눅 23:39-42)

예수 그리스도께서 십자가에 죽으실 때, 세상의 모든 사람이 예수를 하나님의 아들로 인정하지 않고 심지어는 예수와 함께 십자가에 달려서 죽는 다른 강도조차 조롱할 때, 또 다른 한 강도는 예수 그리스도의 나라를 생각하며 하나님의 아들로 인정하고 고백했다. 이러한 회심이 진정한 침례인 것이다. 내가 가지고 태어난 운명을 장사지내고 회심하는 과정이 침례인 것이다. 그러므로 침수浸水라는 외형적인 것만 고집하지 말고 그 내면에 담겨있는 의미를 알아야 한다.

3 믿는 자의 부활

이제 그리스도께서 죽은 자 가운데서 다시 살아 잠자는 자들의 첫 열매가 되셨도다 ²¹사망이 사람으로 말미암았으니 죽은 자의 부활도 사람으로 말미암는도다 ²²아담 안에서 모든 사람이 죽은 것 같이 그리스도 안에서 모든 사람이 삶을 얻으리라 ²³그러나 각각 자기 차례대로 되리니 먼저는 첫 열매인 그리스도요 다음에는 그리스도 강림하실 때에 그에게 붙은 자요 ²⁴그 후에는 나중이니 저가 모든 정사와 모든 권세와 능력을 멸하시고 나라를 아버지 하나님께 바칠 때라 (고전 15:20-24)

예수를 죽은 자 가운데서 살리신 이의 영이 너희 안에 거하시면 그리스도 예수를 죽은 자 가운데서 살리신 이가 너희 안에 거하시는 그의 영으로 말미암아 너희 죽을 몸도 살리시리라 (롬 8:11)

부활은 모든 그리스도인들의 참 소망이다. 그리스도 예수께서 부활의 첫 열매가 되신 확실한 증거는 성령께서 성도들의 영혼에 직접 임하신 것이다. 성령의 임하심은 과거 이천 년 전에 일회적인 이벤트로 끝난 것이 아니라 이천 년이 지난 오늘까지도 동일하시다. 그리스도인이 성령을 받았다는 것은 관념적인 것이 아니라 실상이기 때문에 반드시 그 표적이 따르게 된다.

어떤 사람은 기도하다가 눈물이 많이 흐르는 것을 체험하고 나서 성령을 체험했다고 주장하기도 한다. 필자는 이러한 주장에는 전혀 동의하지 않는다. 성령을 체험하면서 나타나는 표적들은 초대교회 때 나타났던 것과 동일하다(히 13:8). 오순절 날 성령께서 임하실 때 백이십 명의 성도들은 '다른 방언'으로 말하기 시작했다(행 2:4). 성경은 성령께서 임하실 때 말하게 되는 방언에 대해서 '새 방언' 또는 '다른 방언'이라고 기록하고 있다. 이것을 심각하게 오해하여 방언은 아주 특별한 은사로 이방인을 전도하기 위하여 주신 것이라고 주장하기도 한다. 사도행전에 이러한 이적이 기록되어 있기는 하다.

> 그 때에 경건한 유대인이 천하 각국으로부터 와서 예루살렘에 우거하더니 [6]이 소리가 나매 큰 무리가 모여 각각 자기의 방언으로 제자들의 말하는 것을 듣고 소동하여 [7]다 놀라 기이히 여겨 이르되 보라 이 말하는 사람이 다 갈릴리 사람이 아니냐 [8]우리가 우리 각 사람의 난 곳 방언으로 듣게 되는 것이 어찜이뇨 [9]우리는 바대인과 메대인과 엘람인과 또 메소보다미아 유대와 가바도기아, 본도와 아시아, [10]브루기아와 밤빌리아, 애굽과 및 구레네에 가까운 리비야 여러 지방에 사는 사람들과 로마로부터 온 나그네 곧 유대인과 유대교에 들어온 사람들과 [11]그레데인과 아라비아인들이라 우리가 다 우리의 각 방언으로 하나님의 큰 일을 말함을 듣는도다 하고 [12]다 놀라며 의혹하여 서로 가로되 이 어찐 일이냐 하며 (행 2:5-12)

이 성경 구절은 종종 그들이 방언을 선교의 목적으로 주신 이적이라고 주장하는 근거가 된다. 그러나 필자는 이러한 주장의 속내는 자신이 성령충만함으로써 할 수 있는 새 방언을 말하지 못하는 것에 대한 자기 합리화에 지나지 않는다고 생각한다. 그럼 계속해서 사도행전 2

장 13절을 보자.

> **또** 어떤 이들은 조롱하여 가로되 저희가 새 술이 취하였다 하더라 (행 2:13)

초대 교인들이 성령 충만하여 새 방언을 말하기 시작하는 곳에는 두 부류가 함께 있었다. 하나는 경건한 유대인(행 2:5)이고 다른 하나는 그냥 "어떤 이들"이라고 표현된 무리들이다. 경건한 유대인들은 사도들의 방언은 각각 자기가 태어난 곳은 언어로 들리는 큰 이적을 경험했지만 동일한 장소에 있는 어떤 이들은 새 술에 취했다고 조롱하였다. 이것은 동일한 장소에서 동일한 사건을 두고 각각 다르게 평가하고 있는 것이다. 그러므로 이제는 새 방언이 선교목적으로 주신 특별한 은사라고 주장하지 말고 겸손하게 성령을 모시고 예수 그리스도의 부활에 참예해야 한다.

그럼 본말로 돌아가서 '새 방언'에 대해 알아보도록 하자. 방언은 언어tongue를 의미하는 것이다. 그러나 그냥 방언이라고 말하지 않고 '새 방언' 또는 '다른 방언'이라고 기록되어 있다. 이것은 이 세상 어디에도 속하지 않은 언어라는 뜻이다. 방언은 사람의 영이 하나님께 비밀을 말하는 것이다(고전 14:2). 그러므로 방언은 사람에게 말하는 것이 아니라 사람의 영이 하나님께 비밀을 말하는 언어이다. 어떤 사람들은 방언이 예언이라고 생각하는 사람이 있고, 심지어 타락한 어떤 사람은 다른 사람에게 방언을 하고 그것이 하나님께서 말씀하시는 예언이라고 하면서 자기가 말한 방언을 통역하는 체 하여 다른 사람들을 속이는 사람도 있는데 이것은 성경을 아주 잘못 이해하고 있는 것이다.

> **방언**을 말하는 자는 사람에게 하지 아니하고 하나님께 하나니 이는
> 알아듣는 자가 없고 그 영으로 비밀을 말함이니라 (고전 14:2)

성령께서 임하시면 첫 번째 나타나는 표적이 방언이다. 어떤 사람들
은 '방언이 성령이냐?'라고 반문할 수 있겠으나 방언은 성령이 아니다.
방언은 성령께서 말하게 하심을 따라서 사람의 영이 말하는 것이다.

> **저희가** 다 성령의 충만함을 받고 성령이 말하게 하심을 따라 다른 방
> 언으로 말하기를 시작하니라 (행 2:4)

필자는 지금 방언의 중요성을 말하려고 하는 것이 아니라 성령을 받
는 것이 예수 그리스도의 부활을 체험하는 것이라고 주장하는 것이다.
예수께서 부활하시기 전에, 그러니까 예수께서 승천昇天하시기 전에는
누구도 성령을 받은 일이 없다(요 7:39). 만약 그리스도인들이 성령을
받지 않고, 성령의 은사들이 나타나지 않는다면 예수 그리스도의 부활
사건도 그냥 하나의 기독교 종교의 주장에 지나지 않게 될 수 있다. 성
령께서 임하심으로 예수의 부활은 교리가 아닌 것이 확증되는 것처럼
그리스도인의 부활도 기독교 종교의 교리가 아닌 것이 분명하게 되었
다. 부활은 확실하게 교리가 아니라 장차 일어날 소망이요, 실상이다.
영혼이 썩지 아니할 몸으로 변화하여 영원한 아버지의 집에서 예수 그
리스도를 섬길 것이다.

혈과 육은 하늘나라를 유업으로 받을 수 없기 때문에 육체는 하늘에 들어갈 수 없다(고전15:5). 오직 성령으로 말미암아 부활한 거룩한 성도들의 영혼만이 들어가는 것이다. 성령으로 거듭나지 않은 영혼은 우주라는 허공에 갇혀 영원한 형벌을 받을 것이다. 마치 눈에 보이는 물질세계가 전부인 것처럼 생각하는 사람은 영원한 나라에 소망이 없다. 예수님 시대에도 사두개인들은 이 땅에서의 만족함이 충만한 사람들이었기 때문에 내세를 믿지 않았고 부활이 없다고 주장했다. 예수 그리스도께서 승천하시면서 세상에 남아있는 그의 사랑하는 제자들에게 쓸데없는 허황된 소망을 심어주신 것이 아니라 오히려 예수의 부활을 믿지 못하는 자들에게 손바닥에 못 자국을 만져보고, 옆구리에 창자국을 만져보라고 하시면서 부활을 믿게 하셨다. 기독교가 예수 그리스도의 부활을 증거하는 것은 헬라의 영혼불멸 사상을 전파하는 것이 아니라, 예수는 하나님의 아들이심을 증거하는 것이다. 예수 그리스도의 부활의 증거는 예수 이름으로 귀신을 쫓아내고, 새 방언을 말하며, 뱀을 집으며, 무슨 독을 마실지라도 해를 받지 아니하며, 병든 사람에게 손을 얹은즉 낫는 것이다(막 16:17-18). 예수 그리스도를 성품적으로 닮아가는 것도 매우 중요한 일이겠으나 본질적인 것은 예수 그리스도께서 하나님 아버지의 계명에 순종하신 것처럼, 그리스도인인 우리들도 예수 그리스도의 계명에 순종해야 한다.

자꾸 세상의 철학이나 이성을 가지고 하나님의 말씀을 평가하려 하고, 칼질해서 조각내려고 하지 말고, 마치 이스라엘이 출애굽할 때 양을 통째로 먹은 것처럼 하나님의 말씀을 통째로 순종해야 한다. 이것을 믿음이라고 한다. 믿음은 증명되지 않는 것을 신뢰하는 것이다. 눈으로 보는 것은 믿는다고 말하지 않고 확인한다고 말한다. 믿음은 이성으로 증명되지 않는 것을 신뢰하는 것이고, 경험적으로 이해되지 않는 것을 신뢰하고 순종하는 것이다. 부활은 믿는 자들에게만 약속하신 하나님의 은혜이다.

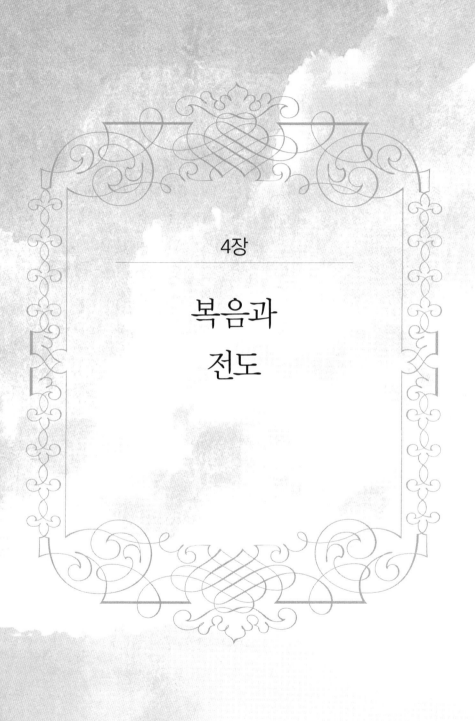

4장

복음과
전도

§

하나님의 아들 예수 그리스도 복음의 시작이라 (막 1:1)

내가 내 자의로 말한 것이 아니요 나를 보내신 아버지께서 나의 말할 것과 이를 것을 친히 명령하여 주셨으니 [50]나는 그의 명령이 영생인줄 아노라 그러므로 나의 이르는 것은 내 아버지께서 내게 말씀하신 그대로 이르노라 하시니라 (요 12:49-50)

너희는 온 천하에 다니며 만민에게 복음을 전파하라 (막 16:15)

그리스도의 사람들은 반드시 복음을 전파해야 한다. 이것은 그리스도인들의 의무이자 숙명이다. 그러나 너무나 아이러니하게도 복음이 무엇인지 잘 이해하지 못하는 그리스도인들이 많아서 복음을 자기 나름대로 정의하고 자기가 옳다고 생각하는 것을 행하는 것 같다. 구약의 사사시대에도 왕이 없으므로 백성들이 자기들이 옳다고 생각하는 것을 행했다(삿 21:25). 오늘날 포스트 모더니즘의 사조思潮적인 측면에서 보면 이것이 맞는 것이라고 주장할 수도 있을 것 같다. 그러나 예수 그리스도께서는 그것을 가르치지 않고 명확한 기준을 말씀하고 계신다. 복음은 예수 그리스도로 말미암아 시작된 것이다. 다시 말하면 예수 그리스도께서 복음이라는 뜻이다.

그러므로 복음을 전한다는 뜻은 예수를 사람이라고 오해하는 세상 사람들에게 예수 그리스도는 주主시요, 구세주이시요, 살아계신 하나님의 아들이라고 설득하여 그들의 오해를 고쳐주는 것이다. 예수 그리스도의 공생애는 하나님 아버지의 뜻을 이루신 것이기 때문에 복음은 하나님의 뜻이다. 바꾸어 말하면 예수께서 그의 공생애 기간 동안 행하신 모든 것은 하나님 아버지의 뜻이므로 그 자체가 복음이다. 인간을 구원하시는 것은 하나님의 뜻이므로 복음이다. '회개하라'고 외치신 것은 복음이다. 십자가에서 인간을 대신하여 저주를 받고 죽으신 것은 복음이니 곧 십자가 복음이다. 마귀를 심판하신 것은 하나님 아버지의 뜻이므로 복음이다(요일 3:8). 침례를 받으시고 광야로 가셔서 마귀의 시험을 받으신 것은 마귀에게 하나님의 아들이심을 과시하고자 하신 것이 아니라 마귀를 심판하려 하신 것이기 때문에 마귀의 시험은 하나님의 뜻이다. 마귀는 그때부터 그의 모든 권세가 박탈당했다.

예수께서 부활하신 것은 복음이요, 예수께서 승천하신 것이 복음이요, 오순절에 그의 사랑하는 성도들에게 성령이 임하신 것이 복음이요, 믿는 자들에게 주신 아들의 권세가 복음이요, 병 고치는 주의 능력은 복음이요, 더러운 귀신을 쫓아내는 능력은 복음이요, 가난한 자에게 부요함을 주시는 것은 복음이다. 복음은 예수께서 이루신 하나님의 뜻이다. 성도들에게 주신 예수 이름이 복음이요, 약속하신 영생이 복음이요, 진리로 인하여 받을 핍박은 복음이다. 예수 그리스도와 연합하는 침례는 복음이요, 율법의 영향력에서 완전하게 벗어나는 것이 복음이다. 하나님의 말씀에 순종하여 구원을 이루어가는 것이 복음이다.

그러므로 하나님의 뜻이 구현된 하나님의 말씀은 복음이다. 사람의 신념은 하나님의 뜻이 아니기 때문에 복음이 아니다. 학문 중에 최고라고 여겨지는 철학도 복음이 아니다. 하나님의 뜻을 거스르는 그 어떤 것도 복음이 아니라 마귀의 일일 뿐이다. 그리스도인의 무기는 이러한 이 세상의 강력한 이론과 경험과 철학을 파하는 하나님의 능력, 곧 복음이다.

> 우리의 싸우는 병기는 육체에 속한 것이 아니요 오직 하나님 앞에서 견고한 진을 파하는 강력이라 ⁵모든 이론을 파하며 하나님 아는 것을 대적하여 높아진 것을 다 파하고 모든 생각을 사로잡아 그리스도에게 복종케 하니 ⁶너희의 복종이 온전히 될 때에 모든 복종치 않는 것을 벌하려고 예비하는 중에 있노라 (고후 10: 4-6)

'병기'라고 번역된 헬라어 ὅπλα_{호플라}는 칼과 방패와 같은 무기를 뜻하는 단어로써 신약성경에서 모두 5회 사용되었다. 그리고 그중에 4회가 바울서신에서 사용되었다.

하나님의 뜻은 강력한 세상의 신념을 파괴하는 강력이다. 위의 성경 구절에서 말하는 '견고한 진'은 '요새'를 의미하는 것으로써 그 요새는 오직 하나님의 뜻으로만 무너뜨릴 수 있다. 이것이 복음의 능력이다. 복음을 증거하는 사람을 '복음중재자'라고 부른다. 복음중재자는 자신이 가진 복음을 다른 사람에게 나누어 주는 사람이기 때문에 자기 자신이 하나님의 뜻에 순종하지 못한 사람이라면 절대로 복음중재자가 될 수 없을 것이다.

예수께서 공생애를 사시는 동안, 그의 제자들은 나가서 복음을 전파하고 귀신을 쫓아내고 병을 고쳤지만 주의 증인이 되지는 못했다. 예수 그리스도의 수제자_{首弟子}라고 하는 베드로는 예수 그리스도를 세 번 부인_{否認}했고 저주도 했다. 그러나 성령이 임하시고 하나님의 뜻을 깨닫고 순종할 때 비로소 복음중재자가 되어 장로와 서기관들 앞에서도 담대하게 하나님의 뜻인 예수 그리스도를 증거했다. 예수 그리스도를 부인하던 베드로가 마침내 복음중재자가 된 것이다. 베드로는 요한과 더불어 성전에 올라가다가 앉은뱅이를 만나서 "내게 있는 예수 이름을 준다"라고 하면서 '예수 이름'의 복음을 중재하여 앉은뱅이가 일어나는 이적을 보았다.

복음중재는 내게 있는 하나님의 뜻을 나누어 주는 것이다. "예수 믿으시오"라고 전하는 것도 큰 범주 안에서는 복음을 전하는 것이지만, 좀 더 좁은 의미에서 복음을 중재한다는 것은 자기 자신이 복음에 순종하여 얻은 것을 그렇지 못한 사람들에게 나누어 주는 것이다. 필자는 복음을 전하는 것도 좋지만 복음을 중재하는 사람이 되어야 한다고 주장한다. 사실 많은 그리스도인들이 복음중재자를 소원하고, 자신이 복음중재자임을 주장하지만 하나님의 뜻을 깨닫고 순종하지 않으면 결코 복음중재자가 될 수 없다. 필자는 오늘날 자기의 신념은 강력해도 의외로 하나님의 뜻을 모르는 그리스도인들이 많기 때문이라고 생각한다.

그리스도인들은 신앙생활을 해야 한다. 말하자면 신앙만 가져서도 안 되고 생활만 해서도 안 된다는 것이다. 그러나 절대다수의 그리스도인들이 신앙을 자신의 삶 속에 적용시키지 못하고 있는 것 같다. 필자는 어떤 사람들이 교회의 직분자인 자신의 배우자가 교회에서의 신앙과 집에서의 생활의 차이가 너무 커서 가증스럽게 생각되어 교회에 나가는 것을 그만두었다는 얘기를 들었다. 이러한 이중적인 생활을 하는 사람들은 신앙생활을 크게 오해하기 때문이다. 그러한 사람들은 스스로 복음중재자가 아님을 절대적으로 보여주는 것이다. 그러므로 관념적으로, 혹은 신념적으로 자신을 복음중재라고 주장하지 말고 하나님의 말씀 앞에 서서 자기 자신을 성찰省察하고, 회개하고 자신을 돌이켜 하나님의 뜻에 순종하자. 하나님을 자기의 편으로 끌어내리려고 하지 말고 자기 자신이 하나님의 편에 서야 한다.

하나님의 편에 서는 방법은 하나님의 뜻에 순종하는 것이요, 더 정확하게는 말씀(로고스λόγος)에 순종하는 것이다. 말씀은 하나님이시다(요1:1). 복음중재자는 하나님의 말씀을 가진 사람이고, 하나님의 모든 말씀은 능치 못함이 없다(눅 1:37). 복음중재자는 말씀의 권세가 있다. 복음을 중재하기 위하여 여러 가지 도구를 사용할 수 있다. 성찬도 복음을 중재하는 도구요, 성경도 복음을 중재하는 것이요, 신앙서적도 복음을 중재하는 도구요, 신유神癒도 복음을 중재하는 도구이다. 소위 '은사자'들이 타락하는 이유는 성령의 은사를 복음을 중재하는 도구라는 것을 깨닫지 못하기 때문이다. 모든 은사는 복음을 중재하는 것을 위하여 주신 것이다. 그 어떤 큰 은사라도 결단코 복음에 앞서지 못한다는 것을 반드시 명심해야 한다. 그렇지 않으면 타락하게 될 것이다.

다시 한번 강조하거니와 복음은 하나님의 뜻을 가리켜 말하는 것이다. 죄인 된 인간을 사랑하시는 것은 하나님의 뜻이므로 복음이다. 하나님의 사랑을 거절하여 죽은 인간을 지옥에 장사 지내는 것은 하나님의 뜻이므로 복음이다. 영생과 형벌 모두 하나님의 뜻이므로 복음이다. 어떤 사람들은 복음은 좋은 것만 있는 줄로 착각하고 오해하지만 하나님께서 인간에게 좋은 것을 선택할 수 있는 권리를 주신 것이다. 그러나 인간의 자유의지를 사용하여 사망을 택하게 되면 어쩔 수 없이 장사葬事지내야 하는 것도 하나님의 뜻이다.

이러한 하나님의 뜻을 전하는 것이 복음을 전하는 것이요, 복음을 중재하는 것이다. 율법은 두려움을 주어서 그리스도인들을 좌절시키지만, 복음은 오히려 부활의 영생의 소망을 주고 감사함으로 순종하게 한다. 그래서 자칫 잘못하여 복음을 중재한다고 하면서 율법을 가르치면 감사와 자유보다는 오히려 두렵게 만드는 협박을 하게 된다. 이런 일이 발생하는 가장 큰 이유는 복음을 중재한다고 하는 사람이 복음을 가지고 있지 못하고 율법만을 가지고 있기 때문이다. 그러므로 자기 자신이 스스로 복음중재자가 되고 싶다고 해서 되는 것이 아니라 반드시 복음, 곧 하나님의 말씀에 순종한 사람만이 복음을 중재할 수 있다. 이것은 아주 중요한 것이다.

복음이란 예수 그리스도께서 인간들 앞에 놓여있는 사망과 저주를 담당하셨으니 인간들은 자기의 의지를 사용하여 생명과 복을 택하라고 권면하는 것이다. 다시 말하면 복음은 생명과 복을 택하라고 가르쳐주고 설득하는 것이다. 그러므로 복음은 사랑을 전제로 한다. 사랑이 없이 복음을 중재하는 것은 불가능에 가깝다. 사랑은 하나님의 뜻이다.

전도(傳道)란 도(道)를 전하는 것이다.

’Εν ἀρχῇ ἦν ὁ λόγος, καὶ ὁ λόγος ἦν πρὸς τὸν
θεόν, καὶ θεὸς ἦν ὁ λόγος. (John 1:1 BGT)
太初有道、道與　神同在、道就是　神(約 1:1) - 중국어 역
태초에 말씀이 계시니라 이 말씀이 하나님과 함께 계셨으니 이 말씀은 곧 하나님이시니라 (요 1:1)

요한복음 1장 1절에서의 로고스$_{λόγος}$를 한글 번역본 성경에서는 '말씀'이라고 번역했고, 중국어 성경에서는 '도$_道$'라고 번역했다. 한국 성경은 중국어 성경을 번역한 것이기 때문에 전도$_傳道$라는 중국어에서 차용해서 사용했던 것 같다.[*]

전도는 도$_道$를 전한다는 뜻으로써 태초부터 계신 말씀을 전한다는 뜻이다. 그러므로 전도자는 태초부터 계신 말씀에 대해 확실하게 알아야 한다. 전도자는 예수 그리스도께서 어떻게 하나님의 아들이 되셨는지, 그를 왜 하나님으로 믿어야 하는지 그 이치를 알고 전해야 한다. 이것을 알지 못하고, 태초부터 계신 말씀을 전한다고 하는 것은 어불성설$_語不成說$이다. 말씀을 알고, 말씀이 육신이 되어 임마누엘 하신 하나님을 아는 것이 영생이다(요 17:3). 전도하는 것과 복음을 중재하는 것은 동일한 것이다. 복음이 곧 말씀$_道$이다. 그러므로 복음을 중재하는 것과 도$_道$를 전$_傳$한다는 것은 완벽하게 동일한 의미이다.

전도는 예수를 믿으라고 외치는 것이 아니라 예수를 왜 믿어야 하는지 설득하는 것이다. 앞에서 언급했지만 다시 한번 강조하고자 한다. 전도란 예수는 영원 전부터 하나님께 함께 계신 말씀이시고, 불과 이천 년 전에 사람의 눈으로 볼 수 있고 손으로 만질 수 있는 분으로 나타나셨으며, 그는 법정에서 사형선고를 받고 죽었으나 부활하셨고 오백여 명이 보는 앞에서 승천하셨다는 것을 증언하는 것이다. 예수 그리스도께서 승천하신 증거는 오순절에 임하신 성령이시고, 그때 임하

---

[*] 최초의 한글 신약 성경 "예수 셩교 젼셔"로써 스코틀랜드 선교사 존 로스가 만주에서 한국인 이응찬 등의 한국인과 같이 번역했으며 1887년 만주의 문광서원에서 출간했다.

신 성령은 단회적으로 끝난 것이 아니라 이천 년이 지난 지금도 여전히 믿는 자들의 영혼에 임한다는 것이다. 그러므로 전도의 시작은 '성령을 받으라'이다.

아볼로가 고린도에 있을 때에 바울이 윗지방으로 다녀 에베소에 와서 어떤 제자들을 만나 ²가로되 너희가 믿을 때에 성령을 받았느냐 가로되 아니라 우리는 성령이 있음도 듣지 못하였노라 ³바울이 가로되 그러면 너희가 무슨 침례를 받았느냐 대답하되 요한의 침례로라 ⁴바울이 가로되 요한이 회개의 침례를 베풀며 백성에게 말하되 내 뒤에 오시는 이를 믿으라 하였으니 이는 곧 예수라 하거늘 ⁵저희가 듣고 주 예수의 이름으로 침례를 받으니 ⁶바울이 그들에게 안수하매 성령이 그들에게 임하시므로 방언도 하고 예언도 하니 ⁷모두 열두 사람쯤 되니라 (행 19:1-7)

바울은 에베소 교회에 가서 전도했다. 여기서 주목해야 할 것은 바울 사도가 교회에 가서 전도했다는 사실이다. 바울은 불신자뿐만 아니라 교인들에게도 전도했다. 전도傳道라는 것은 태초부터 계신 말씀을 모르는 자들에게 가르쳐 전하는 것이므로 전도는 교인이라고 해서 예외로 되어서는 안 된다. 태초부터 계신 말씀을 모르는 모든 사람들이 전도의 대상이 되는 것이다. 그러나 언제부터인가 전도는 불신자에게만 하는 것으로 고착되었는데 이것은 아주 큰 위험이다. 왜냐하면 만약 교회에 출석하는 것으로써 말씀을 안다고 착각하면, 말씀을 들어도 겉 넘게 되고 자칫 종교인으로 전락하게 될 수 있기 때문이다.

주님께서 그의 사랑하는 제자들에게 명령하신 것은 모든 족속으로 제자를 삼아 예수께서 명령한 모든 것을 가르쳐 지키게 하라는 것이다. 예수께서 명령한 것이 복음인데 복음은 순종해야 하는 것이다(마 28: 18-20). 많은 그리스도인들이 말씀께 순종하지 못하는 이유는 말씀을 알지 못하기 때문이다. 어떤 사람들은 말씀을 잘 알지만 게을러서 순종하지 못한다고 말하지만 필자는 말씀을 알지 못하기 때문에 순종하지 못하는 것이라고 주장한다. 도道에 순종하면 영생을 얻을 것이요, 하나님의 자녀의 권세도 얻게 될 것이다. 이것은 교리가 아니라 전능하신 우리 하나님 아버지의 약속이다. 하나님의 신령한 복도 도道를 가진 사람에게 하신 하나님의 약속이다.

기독교는 종교가 아니다. 비록 세상 종교에서 추구하고자 하는 것이 기독교에도 많이 녹아 있지만 기독교는 종교가 아니다. 그러므로 전도는 포교布敎활동이 아니라 영원 전부터 계신 하나님을 전하는 것이며 삼위일체 하나님을 가르치고 그 삼위일체이신 하나님께 순종하도록 하는 것이다. 삼위일체 하나님이란 오직 한 분이신, 유일하신 하나님께서 세 인격이 되셨다는 것이다. 세상의 어떤 종교도 삼위일체의 신비를 알지 못하고 알 수도 없는 까닭은 세상에 있는 그 어떤 것도 삼위일체가 아니기 때문이다. 삼위일체 하나님은 하나님의 뜻으로 말미암아 삼위일체 하나님이 되셔서 뜻을 공유하시고, 이름을 공유하신다. 이 신비는 사람의 이성으로는 이해할 수 없고 오직 성령의 지혜와 지식으로만 이해할 수 있다.

이천 년 동안 신학이 발전해 오면서 많은 순기능을 발휘하기도 했지만 결정적인 역기능을 발휘하기도 했다. 그것은 성경의 영감을 배제하고 오직 이성으로써만 하나님을 이해하려고 한 것이다. 역사적인 근거,

고고학적인 근거, 성경의 문체, 문학적 구조 등의 칼로 영감으로 기록된 성경을 난도질했다. 필자도 신학자로서 성경을 연구하지만 한번도 영감으로 연구하지 않고 철저하게 인간의 이성에 호소할 수 있는 증거를 제시하는 방법으로 연구한다. 그렇다고 해서 신학의 무용론을 제기하는 것은 절대로 아니다. 다만 신학적인 것으로는 삼위일체 하나님을 알 수 없고 오직 영감으로만 깨달을 수 있다는 것을 주장하는 것이다. 복음중재, 곧 전도傳道는 신학자가 할 수 있는 것이 아니라 하나님의 뜻과 말씀을 듣고 깨달은 자가 마침내 말씀에 순종하여 할 수 있는 것이다. 자기의 신념과 뜻을 포기하는 겸손한 사람만이 하나님의 뜻과 말씀을 듣고 깨달을 수 있다. 아무리 세상에서 착한 사람이라는 칭송을 받을지라도 말씀 앞에서 자기의 뜻을 꺾지 않는 사람은 교만驕慢한 사람이다. 하나님께서는 겸손한 사람을 아끼시고 사랑하시며 하나님의 능력을 한량없이 부어 주신다.

그의 팔로 힘을 보이사 마음의 생각이 교만한 자들을 흩으셨고 [52]권세 있는 자를 그 위에서 내리치셨으며 비천한 자를 높이셨고 [53]주리는 자를 좋은 것으로 배불리셨으며 부자를 공수로 보내셨도다 (눅 1:51-53)

복음을 전파하는 사람은 하나님의 사랑을 받는 사람이다. 이제는 복음 전파의 의미를 "예수 믿으시오"라고 외치는 것으로 생각하는 사람은 없을 것이라 생각한다. 겸손하게 하나님의 말씀에 엎드리고 순종함으로써 하나님의 말씀을 중재하는 것이 복음중재이다.

주의 보혈 능력 있도다

나는 중국 연길시 왕청현에 있는 제자들에게 말씀을 가르치기 위하여 2017년 12월 18일부터 30일까지 사역을 떠났다.

그들을 처음 만난 것은 2016년 8월로 기억한다. 그들 중에는 목회자들도 있었고 평신도들도 있었다. 그들은 심히 겸손하였고 하나님의 말씀에 매우 갈급해 있었다. 첫 만남에서는 약 1시간 정도 말씀을 전했는데 매우 은혜를 받았다고 했다. 그 후에 2016년 10월에 목회자 중 한 분이 나를 초청하여 하나님의 말씀을 듣기를 원하여 기꺼이 말씀을 증거하였다. 그때는 약 3주간 머무르면서 말씀을 가르쳤는데 하루에 평균 10시간을 가르쳤다. 은혜가 충만했으며 말씀을 듣는 중에 각종 질병들이 떠나갔고 하나님의 말씀에 불순종하며 살았던 자기의 모습을 발견하고는 회개하며 돌이키는 역사가 있었다. 그 후에 교회의 예배가 살아났다고 매우 기뻐하면서 간증했었다. 그들은 항상 말씀에 갈급해 하며 하나님의 말씀에 순종하려고 하는 매우 겸손한 영혼들이었다.

2017년에도 하루에 평균 8~10시간 동안 하나님의 말씀을 증거하였고 새 신자 중에는 공황장애로 인하여 많은 고통 중에 있던 사람이 고침을 받는 하나님의 큰 은혜가 있었다. 그녀는 73세인데 공황장애로 항상 우울해했으며 늘 수면제를 먹고 간신히 잠이 들었다고 했다. 그러던 그녀가 복음을 듣고 회개했으며 질병은 떠나고 수면제 없이 초저녁부터 코를 골면서 잠을 자기 시작했다. 그녀는 다리에 힘이 없어서 10분도 걷기 힘들어했다. 그러던 그녀가 은혜받고 힘을 얻어 쉬지 않고 1시간 30분을 걸었는데 힘들지 않다고 간증했다. 또한 그녀는 우울증으로 인해 근래에 웃어본 적이 거의 없었는데 웃음이 나고 즐겁다고 했다. 그렇게 하나님의 말씀을 듣는 모두에게 하나님의 은혜가 충만했다. 어떤 목회자는 복음을 듣고 받아들이는 순간에 머리에 지고 있던 큰 무쇠 모자가 벗어지는 것 같았다고 간증했다.

마지막 날에 나는 "믿는 자들에게는 이러한 표적이 따르리니 곧 저희가 내 이름으로 귀신을 쫓아내며"라는 주의 계명에 순종하기 위하여 전심으로 하나님의 은혜를 구하는 기도를 하고 찬양을 하였다. 나는 마지막 찬송가로 통합 찬송가 211장을 찬양하였다. 여러 번 반복해서 불렀다. 특히 후렴 부분인 "나 믿노라 나 믿노라 보혈의 공로를~~~, 나 믿노라 나 믿노라 예수의 보혈을~~~" 이 부분을 계속해서 불렀다. 10번 정도 부르기 시작했을 때 여기저기에서 눈물을 흘리면서 찬양하기 시작했다. 귀신들이 드러나기 시작했고 회개의 물결이 강하게 역사했다. 정말로 하나님의 큰 은혜였다.

그중에 한 성도는 "나 믿노라 나 믿노라 예수의 보혈을~~" 하는데 죽은 조상들이 눈에 보이면서 오른쪽 갈비뼈 밑에 극심한 고통이 밀려왔다고 했다(그곳은 종종 극심하게 고통이 있던 곳이었는데 병원에서 X-ray를 찍어도 의사들은 원인을 찾아낼 수 없다고 했다고 했다). 그러다가 한번 더 "나 믿노라 나 믿노라 예수의 보혈을~~~" 하는데 순식간에 죽은 조상들이 쫓겨나가면서 고통에서 해방되었다고 간증했다. 그녀는 귀로만 듣던 예수의 보혈의 능력을 눈으로 보았다면서 매우 기뻐했다.

주의 보혈 능력 있도다~~~~ 주님을 찬양합니다. 예수의 보혈만이 나의 능력이요 나의 담력이다. 예수의 보혈의 공로만이 영원히 찬양을 받으시기에 합당한 하나님의 열심이다. 하나님 아버지의 나라와 권세와 영광을 보여주심에 감사하나이다.

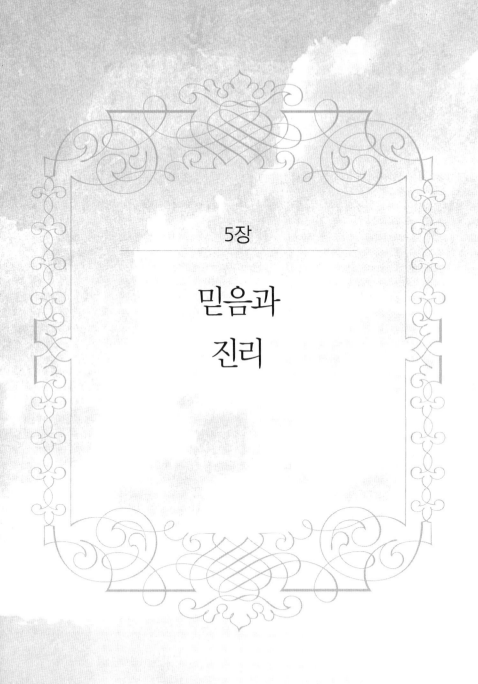

5장

믿음과
진리

§

> 그러므로 믿음은 들음에서 나며 들음은 그리스도의 말씀으로 말미암
> 았느니라 (롬 10:17)

믿음은 예수 그리스도의 말씀이요, 예수 그리스도의 말씀은 하나님 아버지께서 친히 가르쳐 주신 말씀이다(요 17:17). 신약성경에서는 말씀에 대해서 세 가지로 구분해서 사용하고 있다. 첫 번째는 로고스$_{\lambda\acute{o}\gamma o\varsigma}$이다. 로고스는 소리가 아니기 때문에 사람의 귀로는 들을 수 없는 말씀이다. 로고스는 신학적인 용어로는 하나님과 동일 본질이시다. 말하자면 로고스는 하나님이시다(요 1:1). 로고스는 인격을 가리켜 말하는 것이다.

> 저희를 진리로 거룩하게 하옵소서 아버지의 말씀은 진리니이다 (요
> 17:17)

여기서 '말씀'은 로고스이다. 아버지의 말씀이 진리라는 뜻이 아니라 태초부터 계신 로고스가 진리이다.

> 저물매 사람들이 귀신 들린 자를 많이 데리고 예수께 오거늘 예수께
> 서 말씀으로 귀신들을 쫓아내시고 병든 자를 다 고치시니 (마 8:16)

예수께서 말씀으로 귀신을 쫓아내셨는데 '말씀'이라고 번역된 헬라어

는 로고스$_{λόγος}$이다. 로고스는 말$_{=}$이 아니라 하나님 곧 하나님의 권세를 의미하는 것이다. 율법은 진리가 아니다. 율법은 태초 이전부터 하나님과 함께 계신 로고스가 아니라 천사들을 통하여 로고스에 대해 증거하는 말이다. 그러나 로고스는 하나님께서 이 세상에 보내주신 믿음이요, 진리이다. 그러므로 믿음을 가진다는 뜻은 로고스를 가진다는 뜻이다. 로고스를 가진다는 뜻은 말씀을 가진다는 뜻이요, 말씀을 가진다는 뜻은 말씀에 순종한다는 것이다.

믿음을 가진다는 것은 추상적인 것이 아니라 확실한 실체를 소유하는 것이다. 성경에서 말하는, 그러니까 하나님께서 인정하시는 믿음은 로고스에 순종하는 것이다. 예배당에 출석하고, 십일조를 하고, 직분을 감당하는 행위 자체가 믿음이 아니라 로고스에 순종하는 것이다. 로고스는 곧 하나님이시다(요 1:1). 말씀(로고스)에 순종하지 않는 것은 곧 하나님께 불순종하는 것이다. 불순종은 교만$_{驕慢}$한 것이고, 순종은 겸손한 것이다. 어떤 사람들은 여러 가지 이유를 들어서 겸손한 체하면서 거절하는 것을 겸손이라고 오해하지만 그것의 실상은 불순종하는 것이요, 교만$_{驕慢}$이다. 오히려 자기 자신이 부족한 것을 알고, 세상 사람들에게 비난을 받을지라도 그럼에도 불구하고 말씀에 순종하는 것이 겸손한 것이다.

믿음으로 모든 세계가 하나님의 말씀으로 지어진 줄을 우리가 아나니 보이는 것은 나타난 것으로 말미암아 된 것이 아니니라 (히 11:3)

두 번째는 레마$_{ῥῆμα}$이다. 히브리서 11장 3절에 기록된 바와 같이 모든 세계는 하나님의 "말씀"으로 지어졌다. 여기서 말씀은 로고스가 아니라 레마이다. 로고스의 입으로 나오는 말이 '레마'이다.

> **대저** 하나님의 모든 말씀은 능치 못하심이 없느니라 (눅 1:37)
>
> ὅτι οὐκ ἀδυνατήσει παρὰ τοῦ θεοῦ πᾶν ῥῆμα(레마) (눅 1:37 BGT)

레마도 하나님의 말씀이다. 좀 더 정확하게는 하나님의 입에서 나오신 말씀이다.

> **예수**께서 대답하여 가라사대 기록되었으되 사람이 떡으로만 살 것이 아니요 하나님의 입으로 나오는 모든 말씀으로 살 것이라 하였느니라 하시니 (마 4:4)

마태복음 4장 4절에서 예수께서 인용하신 성경은 신명기 8장 3절이다. 곧 율법이다. 율법은 로고스가 아니기 때문에 진리가 아니다. 로고스만이 진리이다(요 17:17). 진리는 하나님이시며 그 권위와 권세가 하나님과 동일하시다. 로고스는 완전한 인격이시다. 로고스는 유일하신 하나님께서 삼위일체 하나님이 되신 것이다. 세 번째는 포네φωνή이다. 포네는 흩어지는 바람 소리 같은 것이다. 포네는 영혼에 어떠한 영향력도 미치지 못하는 사람들이 하는 말이다. 다시 말하면 포네는 사람들이 지식을 전달하고 감정을 표현하는 도구이다. 복음을 중재하는 사람들이 로고스를 전하지 않고 세상의 지식을 말한다면 그것은 그저 포네일 뿐이다. 만약 복음중재자가 로고스를 전하고 증거한다면 큰 이적이 나타날 것이다.

**제자들이 나가 두루 전파할 쌔 주께서 함께 역사하사 그 따르는 표적
으로 말씀을 확실히 증거하시니라 (막 16:20)**

복음을 중재하는 자들에게 주께서 함께 역사하사 표적으로 로고스
를 증거하신다. 주께서 약속하신 표적은 로고스의 권세이다. 로고스는
그리스도인들의 믿음이다. 믿음이 있으면 로고스가 있다는 뜻이요, 복
음이 있다는 뜻이요, 복음을 중재한다는 뜻이다. 로고스는 믿음이요,
복음이다.

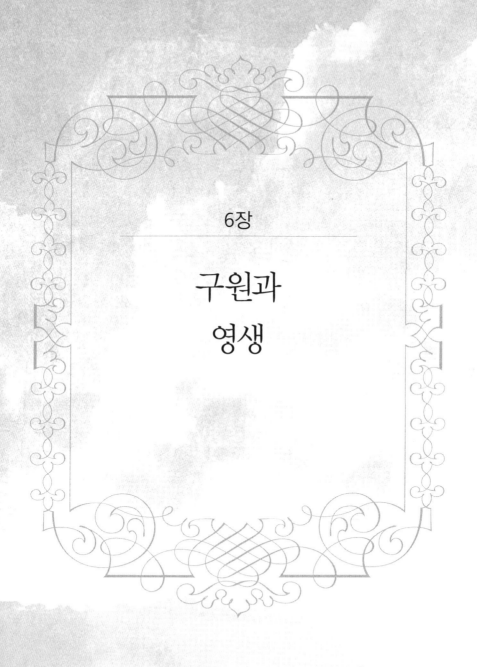

6장

구원과
영생

§

구원과 영생은 그리스도인들에게 가장 중요하다. 그러나 너무나 역설적으로 오늘날 그리스도인들이 구원과 영생을 잘 알지 못하는 것 같다. 어떤 사람들은 "예수 믿고 구원 받으세요"라고 말하는데 이것을 "예수 믿고 천국 가세요"라는 의미로 사용하는 것 같다. 이것이 꼭 틀린 말이라고 할 수는 없겠으나 꼭 맞는 말도 아니다.

먼저 구원과 영생은 동시적이지 않다. 예수를 구세주로 영접하고 시인할 때 구원을 받지만 즉시적으로 영생을 얻은 것은 아니다. 이것을 크게 오해하는 사람들도 있다. 구약에서 이스라엘에 있어서 구원은 바벨론 포로에서 벗어나는 의미로 사용되었다. 그들에게 있어서 메시아는 바벨론의 포로에서 해방시켜 줄 사람으로 인식했다. 그러나 신약에서의 구원은 영혼이 영원한 생명을 얻는다는 의미로 사용되었다. 그렇다고 해서 구원과 영생이 동시적이라는 것은 아니다.

구원은 '죄에서 건져진다'는 뜻이다. 그리고 죄란 아담의 원죄를 의미하는 것이다. 예수께서 십자가에서 피 흘려 죽으심으로 인류의 죄를 대속代贖하셨다. 그러므로 더 이상 아담의 원죄로 인해서 죽는 일은 없다. 〈불신자도 아담의 원죄로 인해 죽는 것이 아니다〉 이미 모든 인류가 아담의 원죄에서 구원을 받았기 때문이다. 구원은 율법에서 건져진다는 뜻이다. 율법은 용무는 정죄이기 때문에 사망의 법이다(롬 8:2). 아담의 원죄에서 구원받았다고 하더라도 율법, 곧 정죄하는 사망의 법에서 구원을 받지 못하면 또 다시 사망에 이르게 된다. 마귀는 율법을 악용하여 성도들을 하나님께 끊임없이 참소하는 원수이다.

큰 용이 내어쫓기니 옛 뱀 곧 마귀라고도 하고 사단이라고도 하는 온 천하를 꾀는 자라 땅으로 내어쫓기니 그의 사자들도 저와 함께 내어 쫓기니라 ¹⁰내가 또 들으니 하늘에 큰 음성이 있어 가로되 이제 우리 하나님의 구원과 능력과 나라와 또 그의 그리스도의 권세가 이루었으니 우리 형제들을 참소하던 자 곧 우리 하나님 앞에서 밤낮 참소하던 자가 쫓겨났고 ¹¹또 여러 형제가 어린 양의 피와 자기의 증거하는 말을 인하여 저를 이기었으니 그들은 죽기까지 자기 생명을 아끼지 아니하였도다 (계 12:9-11)

구원은 예수 그리스도의 십자가 복음으로 말미암아 얻는 것이요, 구원받은 사람들이 로고스(진리)에 순종함으로 말미암아 율법과 사망에서 자유하고, 신앙생활을 하다가 마침내 예수 그리스도께서 재림하거나 이 땅에서의 삶을 마감하게 되면 구원을 완성하게 되면 비로서 영생이 이르게 되는 것이다. 그러므로 영생은 예수 그리스도를 구세주로 믿고 살아 계신 하나님의 아들로 시인할 때 완성되는 것이 아니라 구원이 완성될 때 얻는 것이다. 비록 구원을 받았다고 할지라도 타락하는 사람이 있다. 주님의 제자인 가룟유다가 그랬고 70인의 제자들이 그랬으며 핍박으로 인해서 배도한 많은 사람들이 그랬다. 지금도 여전히 여러가지 이유 때문에 로고스(믿음)를 배신하는 사람들이 많이 있다.

그러므로 나의 사랑하는 자들아 너희가 나 있을 때 뿐 아니라 더욱 지금 나 없을 때에도 항상 복종하여 두렵고 떨림으로 너희 구원을 이루라 (빌 2:12)

'복종하다'라고 번역된 헬라어 *ὑπηκούσατε*휘페쿠사테는 신약성경에서 '순종하다', '복종하다'라는 의미로 총 21회 사용되었다. 그 용례를 살펴보면 예수님의 말씀에 바다가 순종하고, 예수님의 명령에 더러운 귀신이 복종하여 쫓겨나가고, 부모님께 순종하고, 복음에 복종하는 등의 용례로 사용되었다.

로고스에 순종하는 것이 그리스도인의 구원을 이루어가는 것으로 이해하는 것이 타당하다. 로고스(말씀)를 떠나서 자기의 신념과 사상과 지혜로서 살아가려고 하는 것이 죄이다. 영생은 하나님의 생명이기 때문에 피조물인 인간들이 영생을 얻는다는 뜻은 조물주와 같은 수준에서 산다는 뜻이다. 이 얼마나 영광스러운 일인가! 영생은 구원의 마지막이며(롬 6:22) 영생은 복음이다. 영생은 하나님 아버지의 생명이다. 영생은 예수 그리스도께서 십자가에서 죽으시고 부활하실때 얻으신 하나님 아버지의 생명이요, 그 후에는 로고스(말씀)에 순종한 그의 거룩한 자녀들이 받을 영광이다. 천사들의 생명은 비록 영원히 살 수 있을지라도 피조된 생명이기 때문에 영생이라고 하지 않는다. 영생은 오직 하나님 아버지의 생명만을 의미하는 것이다. 또다시 강조하지만 영생은 구원의 마지막이요, 구원은 예수 그리스도로 말미암기 때문에 예수 그리스도의 십자가 보혈을 통한 구원이 없다면 피조물은 인간에게 영생은 없다. 하나님께서는 종교인이 아니라 로고스에 순종하는 하나님의 자녀들을 위하여 영생을 주신 것이다. 종교에는 영생이 없다.

오늘날 소위 에큐메니컬 운동을 하는 사람들 중에는 다른 종교와 소통을 주장하고 그들(다른 종교)에게도 진리가 있다고 주장하기도 한다. 이러한 주장은 충분히 공감할 수 있는 것 같지만 성경은 종교를 말하지 않는다. 성경은 세상의 종교와의 소통을 말하지도 않는다. 이로 인해서 기독교는 독선적이라는 비판을 많이 받기도 하지만 영생은 교리를 통해서 받을 수 있는 것이 아니다. 다시 말하면 영생은 종교를 통해서 얻을 수 있는 것이 아니다. 왜냐하면 영생은 하나님 아버지의 생명이기 때문이다.

필자의 이러한 주장이 기독교 종교인들에게 거센 비판을 받을 수 있겠으나 그것이 두려워 진리를 말하지 않을 수는 없다. 요컨대 죄에서 구원을 받고 율법에서 자유하여 진리의 생명의 성령의 법에 예수 그리스도의 재림 때까지나 목숨이 다할 때까지 순종하면 영생에 이를 것이다. 구원받았다고 주장하는 그리스도인들이여, 교만驕慢하여 말씀에 불순종하여 타락하지 말고 구원을 이루어 영생에 이르자. 이것은 하나님의 거룩한 복음이다.

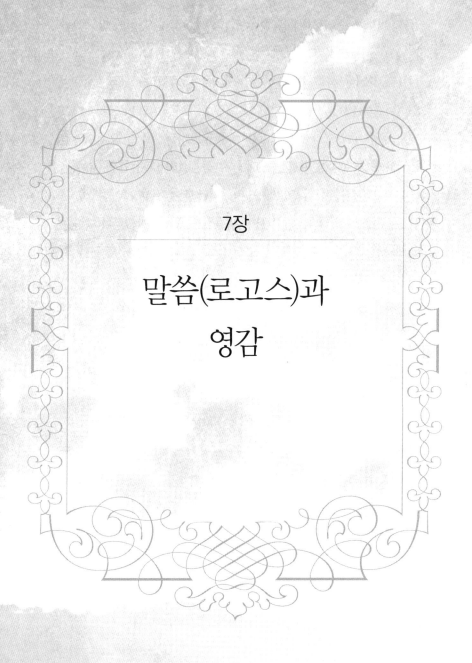

7장

말씀(로고스)과
영감

§

말씀(로고스)은 하나님을 알 수 있는 지식이자 지혜(이치)이다. 말씀은 진리이다. 말씀은 하나님께서 인간에게 하나님 자신을 알 수 있도록 계시해 주신 것으로써 누구든지 말씀을 초월해서는 하나님을 절대로 알 수 없다. 하나님께서 세상에 말씀을 나타내 주신 것은 인간이 하나님에 대해서 알아야 할 분량만큼만 계시해 주신 것이다. 아무도 하나님을 봄으로써 알 수 없고 오직 하나님의 뜻으로만 알 수 있다. 주님의 제자인 빌립도 하나님을 눈으로 뵙고자 했으나 주님은 불가능한 것으로 말씀하시며, 예수 그리스도 자신을 봄으로써 하나님 아버지를 알라고 하셨다.

> **빌립이 가로되 주여 아버지를 우리에게 보여 주옵소서 그리하면 족하겠나이다 9예수께서 가라사대 빌립아 내가 이렇게 오래 너희와 함께 있으되 네가 나를 알지 못하느냐 나를 본 자는 아버지를 보았거늘 어찌하여 아버지를 보이라 하느냐 10나는 아버지 안에 있고 아버지는 내 안에 계신 것을 네가 믿지 아니하느냐 내가 너희에게 이르는 말이 스스로 하는 것이 아니라 아버지께서 내 안에 계셔 그의 일을 하시는 것이라 (요 14: 8-10)

말씀(로고스)은 말言이 아니기 때문에 말씀이 육신이 되어 오셨다는 것은 말言이 육신이 되셨다는 뜻이 아니라 영이신 하나님이 육신이 되셨다는 뜻이다. 말씀(로고스)은 하나님이시다(요 1:1). 말씀(로고스)이 하신 말씀은 진리로써 그 권위가 하나님과 동등하시다. 영감은 말씀이다. '영감'이라는 단어는 신·구약성경을 통틀어서 단 2회만 사용되었다.

> **건너매** 엘리야가 엘리사에게 이르되 나를 네게서 취하시기 전에 내가 네게 어떻게 할 것을 구하라 엘리사가 가로되 당신의 영감이 갑절이나 내게 있기를 구하나이다 (왕하 2:9)
>
> **맞은편** 여리고에 있는 선지자의 생도들이 저를 보며 말하기를 엘리야의 영감이 엘리사의 위에 머물렀다 하고 가서 저를 영접하여 그 앞에서 땅에 엎드리고 (왕하 2:15)

구약성경에서 말하는 영감의 본래 의미는 천사가 전해 주는 하나님의 말씀을 뜻한다. '영감'이라고 번역된 히브리어 루아흐는 '바람', '구원', '하나님의 신', '하나님의 영', '하나님의 숨'이라는 뜻으로 구약성경에서 총 394회 사용되었다. 그러나 오순절에 성령께서 성도들의 영혼에 임하신 이후의 영감은 성령께서 조명해 주시는 말씀(로고스)을 의미하는 것이다. 영감은 말씀(로고스)이며 말씀을 계시해 주는 것이다. 성경은 영감으로 영감을 기록한 책이다.

하나님께서 계시하시는 방법은 이상異像이다. 선지(견)자들이 하나님의 말씀을 받을 때 이상異像을 통하여 받았다. 하나님께서 계시하시는 이유는 하나님의 말씀을 전하기 위해서라는 것을 잊어서는 안 된다. 하나님의 말씀을 받은 사람을 예언자預言者라고 한다. 예언자預言者는 장래의 일을 알아맞히는 사람이 아니라 하나님으로부터 예탁預託받은 말씀을 증거하고 선포하는 사람이다. 말씀과 영감은 동일한 의미를 가진 단어이다. 영감靈感을 단어적으로 해석해서 영적인 감각으로 볼 수도 있겠으나 신비주의적인 해석으로 흐를 수 있는 위험한 요소를 가지고 있다.

말씀(로고스)을 받은 사람이 영감 있는 사람이다. 말씀을 받았다고 하는 것은 말씀에 순종했다는 것을 뜻한다. 주께서 "말씀을 듣는 사람이 의인이 아니라 말씀을 듣고 행하는 자가 의인이다"라고 말씀하신 것을 기억해야 한다. 영감은 자기가 가지 믿음을 삶 속에 적용시켜서 순종하게 하는 원천이다. 아무리 성경을 많이 알고 심오한 지식을 가지고 있다고 하더라도 영감이 없으면 아무짝에도 쓸 없는 지식이 될 뿐이요, 그저 다른 사람을 판단하는 도구만 될 수 있기 때문에 영감을 구해야 한다. 영감이 없는 사람은 "영감 없는 것을 용서하여 주시옵시고 내게 영감을 주옵소서"라고 간구해야 한다. 영감이 없으면 능력이 없다. 병 낫기를 기도하고, 더러운 귀신이 떠나가기를 간구하나 무능無能한 이유가 영감이 없기 때문이다.

성령께서 조명하시는 말씀에 순종하는 것은 매우 중요한 일이다. 만약 지속적으로 성령께서 조명해 주시는 말씀에 불순종한다면 어느 때부터는 성령께서 더 이상 말씀을 조명해 주시지 않을 것이다. 이것이 영적인 타락이다.

> **항상 기뻐하라** [17]쉬지 말고 기도하라 [18]범사에 감사하라 이는 그리스도 예수 안에서 너희를 향하신 하나님의 뜻이니라 [19]성령을 소멸치 말며 (살전 5:16-19)
>
> **우리가 진리를 아는 지식을 받은 후 짐짓 죄를 범한 즉 다시 속죄하는** 제사가 없고 [27]오직 무서운 마음으로 심판을 기다리는 것과 대적하는 자

를 소멸할 맹렬한 불만 있으리라 [28]모세의 법을 폐한 자도 두 세 증인을 인하여 불쌍히 여김을 받지 못하고 죽었거든 [29]하물며 하나님 아들을 밟고 자기를 거룩하게 한 언약의 피를 부정한 것으로 여기고 은혜의 성령을 욕되게 하는 자의 당연히 받을 형벌이 얼마나 더 중하겠느냐 너희는 생각하라 (히 10:26-29)

'성령충만'이라는 것은 기분이나 감정이 흥분된 상태를 가리켜 말하는 것이 아니다. 오늘날 그리스도인들이 가장 왜곡시키고 잘못 알고 있는 개념이 바로 성령충만이다. 어떤 사람들은 교리적으로 말하기를 예수를 믿을 때 모두 성령을 받았으나 다만 성령 충만하지 못한 것이라고 주장하기도 한다. 또 다른 사람들은 예수 믿은 후에 성령을 받고 방언도 말하고 각종 은사가 많이 나타났으나 시간이 지나면서 시들해졌다고 말하기도 한다. 그러나 필자는 이러한 주장에 조금도 동의하지 않는다. 성령은 고무풍선 안에 들어있는 바람과 같아서 한 번 빠져버린 바람은 다시는 들어오지 않는다. 성령이 임하시면 풍선 속에 바람이 가득 차 있는 것과 같아서 그때로부터 성령께서 조명해 주시는 말씀(로고스)에 순종할 때 영감이 있는 것이다. 반대로 그때로부터 성령께서 조명해 주시는 말씀에 계속해서 불순종하게 된다면 성령께서는 소멸되실 것이다.

성령께서 소멸된다는 것은 없어진다는 뜻이 아니라 성령께서 더 이상 말씀을 조명해 주시지 않는다는 뜻이다. 그렇게 되면 다시는 속죄하는 제사가 없다. 다시 말하면 성령충만함을 회복시킬 수 있는 방법은 전무全無하다는 뜻이다. 이것이 얼마나 두렵고 떨리는 말씀인가! 그러므로 말씀(로고스) 앞에 겸손하게 엎드리고 자기의 신념을 주장하지 말고 순종하자. 그러면 영감을 얻을 것이요, 하나님께서 인정하시는 믿음을 구현하는 능력의 사람이 될 것이다. 영감은 곧 하나님의 거룩한 능력임을 기억하자. 영감은 말씀에 순종하는 자들이 하나님의 약속으로 받는 것이다. 영감 있는 겸손한 그리스도인들을 부러워하지 말고, 시기하지도 말고 자신도 겸손하게 하나님의 말씀 앞에 무릎 꿇고 순종하면 동일한 영감을 받을 수 있다. 영감은 만능열쇠와 같아서 영감을 가진 사람은 능력을 소유하게 된다. 그래서 기도를 상달시키고, 더러운 귀신을 쫓아내는 권능이 있고, 병을 고치는 그리스도의 신유의 능력도 갖게 된다.

영감은 사람들을 위로하는 힘이 있고, 좌절하고 있는 사람이 소망을 갖도록 하나님의 말씀을 전하는 예언하는 능력이 있을 뿐만 아니라 하나님으로부터 나오는 신령한 능력을 소유하게 된다. 성령께서는 영감을 하나님 아버지의 뜻대로 성도들에게 주신다. 성령께서는 삼위 하나님 중 일위가 되시는 하나님이시지만 자의로 말하거나 자의로 행하시지 않으시고 오직 하나님 아버지께 들은 말씀을 전하시고, 하나님 아버지의 뜻대로 영감을 나눠 주신다. 삼위 하나님께서는 과연 뜻으로 일체가 되시는 하나님이시다. 성령을 무시하고, 성령께서 조명해주시는 말씀을 무시하면 우리의 주 되신 그리스도 예수께서 그 사람을 지나쳐 버려서 그 사람의 영혼은 뿌리부터 말라버린 무화과나무처럼 될 것이다.

너를 책망할 것이 있나니 너의 처음 사랑을 버렸느니라 [5]그러므로 어디서 떨어진 것을 생각하고 회개하여 처음 행위를 가지라 만일 그리하지

아니하고 회개치 아니하면 내가 네게 임하여 네 촛대를 그 자리에서 옮기리라 (계 2:4-5)

그리스도인들은 촛대 사이를 다니시는 이가 촛대를 옮겨서 그 사람과는 사귀지 않고 교통하지 않겠다는 것이 얼마나 두려운 말씀인가 생각해야 한다. 필자는 신앙생활을 오래 한 어느 분이 자기는 첫사랑을 잃어버렸다고 말하는 것을 들은 적이 있다. 이것이 무엇을 의미하는지 잘 모르고 하는 말일 것이라 생각했다. 말하자면 개념이 없는 까닭이다. 필자가 지금 다소 거친 표현으로 글을 쓰고 있는 이유가 바로 거룩한 개념을 갖도록 하는 것이다. 말씀이 사람의 영혼에 임했을 때 영감이 된다. 영감은 순종할 때 능력이 되고, 그 능력에는 이적이 따른다.

영감은 그리스도인의 능력으로써 하나님 앞에서 겸손한 사람만이 받을 수 있는 하나님의 능력이다. 영감을 얻는다는 의미는 하나님의 의도意圖를 이해한다는 뜻이요, 자존하시는 하나님을 체험한다는 뜻이요, 홀로 계시는 하나님을 모신다는 뜻이다. 영감은 주술 같은 신비가 아니라 하나님을 아는 지식이다. 영감을 가진 사람은 장성하여 결혼하여 자녀를 낳음으로써 자기의 부모님 마음을 이해하는 사람과 같다.

때가 오래므로 너희가 마땅히 선생이 될 터인데 너희가 다시 하나님의 말씀의 초보가 무엇인지 누구에게 가르침을 받아야 할 것이니 젖이나 먹고 단단한 식물을 못 먹을 자가 되었도다 [13]대저 젖을 먹는 자마다 어린아이니 저희는 말씀을 경험하지 못한 자요 [14]단단한 식물은 장성한 자의 것이니 저희는 지각을 사용하므로 연단을 받아 선악을 분변하는 자

들이니라 (히 5:12-14)

어린아이들이 가끔 어른들의 말을 흉내 내고, 어른들의 행동을 흉내 내는 것을 보곤 한다. 어느 때는 어린아이들이 어른의 행동을 흉내 내는 것은 매우 위험하기까지 하다. 영감은 말씀을 체험한 사람, 말하자면 믿음에 장성한 자가 받는 것이다. 그러나 말씀에 순종하지도 않을 뿐만 아니라 말씀에 순종할 의지조차 없는 사람들이 영감을 사모하고, 영감을 구하는 걸 볼 때 안타깝기 그지없다. 마치 엄마의 젖을 먹어야 할 갓난아기가 어른들이 매운 갈비찜을 먹는 것을 보고 자기도 그것을 달라고 울면서 조르는 모습과 같다.

영감은 하나님의 사정을 통달하시는 성령께서 그의 사랑하는 성도들에게 계시하시는 말씀이다. 영감은 계시이다. 성경은 영감을 받은 사람들에 의하여 영감을 기록한 책이다. 영감을 받았다는 의미는 하나님으로부터 계시를 받았다는 뜻이다. 영감은 그리스도인의 능력이요, 하나님을 아는 지식이요, 하나님의 기쁨이다.

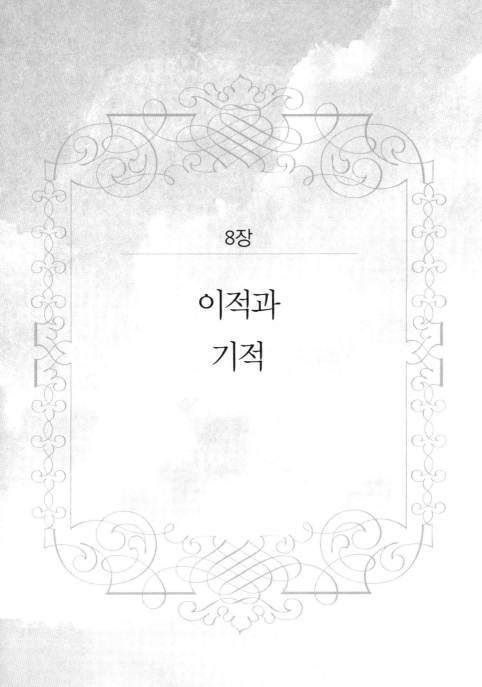

8장

이적과
기적

§

'이적' 혹은 '표적'으로 번역된 히브리어 מוֹפֵת모페트는 구약성경에서 총 36회 사용되었는데 출애굽기에서 5회, 신명기에서 9회 사용되었다. 그 중에서 처음으로 사용된 성경은 출애굽기 4장 21절이다.

> **여호와께서** 모세에게 이르시되 네가 애굽으로 돌아가거든 내가 네 손 에 준 이적을 바로 앞에서 다 행하라 그러나 내가 그의 마음을 강퍅케 한즉 그가 백성을 놓지 아니하리니 (출 4:21)

신약성경에는 총 68회가 사용되었고 사복음서에만 41회가 사용되었다. 예수 그리스도께서 공생애 삼 년 동안 베푸신 이적이 구약의 수천 년 동안 여호와를 통해 베푸신 이적보다 더 많은 것을 알 수 있다. 이에 반해, 개역한글 성경 전체에는 기적이라는 단어는 구약성경 2회, 신약성경 1회 사용되었는데 그중에서 하나님께서 행하신 능력을 기적이라고 번역한 곳은 오직 시편 40편 5절뿐이다. 그것도 원어로 보면 '위대한 일', 혹은 '많은 일'인데 '기적'으로 번역한 것이다. 킹제임스 버전은 'wonderful works'라고 번역했고, TNK 버전은 'many things'라고 번역했다. 따라서 시편 40편 5절에 사용된 '기적'이라는 단어는 오역 혹은 번역자에 의한 의역으로 봐야 한다.

요컨대 성경에서 하나님께서 하신 모든 일은 '이적' 혹은 '표적'이라는 단어를 사용한다. 그러나 오늘날 설교단에서 설교하는 목회자들은 이적이라는 말보다는 기적이라는 단어만을 주로 사용한다. 이것은 성경을 크게 오해하는 것이요, 세상에서 사용하는 요행수 같은 기적과 하나님께서 역사하시는 이적을 혼돈하는 것이다. 예를 들면, 예수께서 베푸신 오병이어 사건은 기적이 아니라 이적이다. 풍랑을 잔잔케 하신 일도 이적이요, 병자들을 고쳐주신 일도 이적이요, 더러운 귀신들을 쫓아내신 일도 이적이요, 십자가에서 죽으신 예수께서 부활하신 것도 이적이다. 뿐만 아니라 그리스도인들이 하나님께 간구한 기도가 응답되는 것도 이적이다.

말ᵊ은 사상思想을 담고 있다. 기적이라는 말을 사용하는 사람은 하나님의 역사를 우연 혹은 요행으로 생각한다는 뜻이다. 하나님의 역사, 곧 이적은 어느 시대나 어느 장소에서나 하나님의 약속을 따라 이루어지는 보편성을 갖는다. 이적은 하나님께서 믿는 자들에게 부어주신 말씀이요, 영감이요, 자녀 된 권세이다. 그러므로 이적은 단회적이 아니라 이 땅에 있는 동안 계속되는 것이요, 하늘에서도 계속되는 것도 있으니 곧 영생이다. 예수 그리스도께서 영원하신 것처럼, 하나님의 말씀은 영원 전부터 영원하시며 그의 약속은 영원하며 그의 능력과 영감도 영원하다.

이적은 우주 안에 속한 능력이 아니기 때문에 초과학적이다. 과학은 단지 우주 안에서 일어나는 현상을 발견하고 그 원리에 대해 알아가는 학문이다. 그러나 과학 내에서도 일치성을 보이지 못하는 경우도 많이 있다. 예컨대, 열역학 제2 법칙인 '엔트로피 증가의 법칙'과 진화는 완전히 정반대의 개념이다. 아무튼 이적은 우주 밖에 있는 영원한 천국의 힘이 물리적인 우주 안으로 들어오는 것이다. 그렇기 때문에 우주적인 힘으로 이적을 본다는 것은 불가능하다. 하나님께 기도하는 것도 이적을 구하는 것이다. 영혼을 구원하기 위한 간구는 이 우주 안의 모든 것을 모두 동원한다고 하더라도 이룰 수 없는, 오직 하나님만이 하실 수 있는 이적을 구하는 것이다. 이적은 하나님의 약속이 있는 하나님의 자존심이다.

그리스도인들이 이 땅에서 체험할 수 있는 최고의 이적은 침례와 성령을 모시는 일이다. 성령은 하나님에게서 나오시는 하나님의 영이시다. 성령께서는 자의로 이 땅에 있는 성도들에게 오신 것이 아니라 예수 그리스도께서 하나님 아버지께 구하여 보내주신 것이다. 예수 그리스도는 하나님의 품에서 독생하신 하나님이시지만 성령께서는 하나님의 품을 한 번도 떠나신 적이 없으신 하나님이다. 예수께서 자의로 말씀하시거나 행동하신 것이 없으신 것처럼 성령께서도 자의로 말씀하지 않으시고 오직 하나님께 들은 말씀만을 전하신다.

> **나**를 저버리고 내 말을 받지 아니하는 자를 심판할 이가 있으니 곧 나의 한 그 말이 마지막 날에 저를 심판하리라 [49]내가 내 자의로 말한 것이 아니요 나를 보내신 아버지께서 나의 말할 것과 이를 것을 친히 명령하여 주셨으니 [50]나는 그의 명령이 영생인 줄 아노라 그러므로 나의 이르는 것은 내 아버지께서 내게 말씀하신 그대로 이르노라 하시니라 (요 12:48-50)
>
> **진리**의 성령이 오시면 그가 너희를 모든 진리 가운데로 인도하시리니 그가 자의로 말하지 않고 오직 듣는 것을 말하시며 장래 일을 너희에게 알리시리라 (요 16: 13)

하나님 품에 계시는 성령께서 그리스도인의 영혼에 임하시는 것은 하나님의 왕권(권세)을 가지고 오시는 것이다. 그래서 성령을 모신 그리스도인의 권세는 왕의 권세와 같아서 마귀의 권세를 능히 제압할 수 있는 것이다.

내가 바알세불을 힘입어 귀신을 쫓아 내면 너희 아들들은 누구를 힘입어 쫓아내느냐 그러므로 저희가 너희 재판관이 되리라 [28]그러나 내가 하나님의 성령을 힘입어 귀신을 쫓아내는 것이면 하나님의 나라가 이미 너희에게 임하였느니라 (마 12:27-28)

귀신을 쫓아내는 힘은 이 땅에서 난 것이 아니라 하늘에서 임하신 하나님의 나라(권세)이다. 필자가 앞에서 주장한 바와 같이 하나님의 이적은 단회적인 것이 아니다. 왜냐하면 우리의 주 되신 그리스도 예수께서 명령하시고 약속하는 것은 단회적인 것이 아니라 영원한 것이기 때문이다(히 13:8). 그러므로 그리스도인은 겸손하게 주께서 약속하신 말씀을 약속으로 받아야 한다.

또 가라사대 너희는 온 천하에 다니며 만민에게 복음을 전파하라 [16]믿고 침례를 받는 사람은 구원을 얻을 것이요 믿지 않는 사람은 정죄를 받으리라 [17]믿는 자들에게는 이런 표적이 따르리니 곧 저희가 내 이름으로 귀신을 쫓아 내며 새 방언을 말하며 [18]뱀을 집으며 무슨 독을 마실찌라도 해를 받지 아니하며 병든 사람에게 손을 얹은즉 나으리라 하시더라 [19]주 예수께서 말씀을 마치신 후에 하늘로 올리우사 하나님 우편에 앉으시니라 [20]제자들이 나가 두루 전파할쌔 주께서 함께 역사하사 그 따르는 표적으로 말씀을 확실히 증거하시니라 (막 16:15-20)

필자는 이러한 성경 말씀을 100% 신뢰할 뿐만 아니라 순종한다. 누가 뭐라고 말해도 이 약속의 말씀을 신뢰한다. 이 약속의 말씀은 이적이다. 필자는 중국 감숙성 란주蘭州에서 어떤 선교사 한 분을 만났다. 그분은 중국의 소수민족 중에 이슬람을 믿는 회족回族을 대상으로 선교하는 분인데 인품이 매우 훌륭하시며, 많은 핍박을 이겨 내시면서 선교하는 분이시다. 그러나 필자는 그분과 교제하는 중에 놀라운 말을 들었다. 그 선교사는 초대교회의 이적은 이천 년 전, 초대교회 때 이미 끝났고 병 고치는 주의 능력도 이제는 의사들에게 의탁되었기 때문에 더 이상 그리스도의 신유는 없다고 했다. 필자는 너무나 어이없고 당황스러웠다. 필자는 말로만 듣던 소위 '은사 종료'를 주장하는 사람을 직접 만나보게 될 줄은 몰랐다.

이적을 부인하는 것은 하늘로부터 임하는 하나님의 능력을 부정하는 것이요, 궁극적으로는 삼위 하나님의 역사를 부정하는 것이다. 예수 그리스도께서 하나님의 아들이심과 십자가에서 흘리신 피는 하나님의 언약의 피라고 믿고, 그 피의 효력이 이천 년이 지난 오늘까지도 미친다고 믿으면서, 성령의 역사는 이천 년 전에 종료되었다고 주장하는 것이 올바른 정신을 가진 사람인지 의심스럽기까지 하다. 이적은 삼위 하나님께서 합력하여 선을 이루시는 거룩한 역사이다. 예수 그리스도의 신유와 거룩한 이적은 오늘날까지도 여전히 유효하다(히 13:8). 소위 은사 종료설을 주장하면서 자신의 불신앙을 합리화시키지 말고 겸손하게 말씀을 믿고 따르면 초대교회와 동일한 역사를 체험하게 될 것이 분명하다.

기적은 요행수이다. 그러므로 교회 안에서 기적奇蹟이라고 말하는 것은 맞지 않는다. 세상에는 많은 기적들이 있다. 어떤 이들은 복권에 당첨되어 일확천금을 얻기도 한다. 또 어떤 이들은 아들을 위하여 지성을 드렸더니 출세했다거나 병이 치료되었다고 말하기도 한다. 다른 이들은 아들을 얻기 위해 매일 마음속으로 기원했더니 하늘이 감동해서 아들을 낳았다고 말하기도 한다. 그러나 기적은 매번 일어나지 않는다. 왜냐하면 기적은 약속이 없기 때문이다.

이적과 기적의 가장 근본적인 차이는 '단회적이냐' 아니면 '계속적이냐'이다. 요행을 기다리는 것만큼 어리석은 일은 없다. 수주대토守株待兎라는 중국 송나라 고사古事처럼 요행은 사람을 바보로 만든다. 기적을 기다리는 사람은 기적이 나를 찾아오는 것이라고 믿기 때문에 행동하지 않는다. 그러나 이적은 반드시 행동해야 한다. 병자는 자기의 침상을 들고 일어나야 하며, 문둥병자는 제사장에게 자기 몸을 보여야 하며, 죄인은 회개하여 "나는 죄인입니다"라 고백해야 한다. 하나님의 능력은 찾아오는 것이 아니라 침노하는 거룩한 그리스도인이 갖는 것이다. 이적은 기도하고 기다리는 자는 절대로 체험할 수 없고 행동하고 순종해야 체험할 수 있는 하나님의 약속이다.

네가 보거니와 믿음이 그의 행함과 함께 일하고 행함으로 믿음이 온전케 되었느니라 (약 2:22)

믿음은 행함과 함께 일하시며, 행함이 없는 믿음은 죽은 것이다(약 2:19). 그러므로 예수를 구세주로 믿는 신실한 그리스도인이라면 아무 개념 없이 교회 안에서 기적이라고 말하지 말고 오히려 하나님의 약속을 믿고 순종함으로써 이적을 체험해야 한다. 예를 들면 학생들이 공부는 하지 않고 새벽기도나 철야기도를 하면서 시험을 잘 보도록 기도하고는 하는데 이것이 기적을 기다리는 신비주의이다. 하나님께 공부를 잘할 수 있도록 지혜를 구했으면 마땅히 최선의 노력을 다해서 공부해야 한다. 그러면 이적을 볼 것이다. 공부를 잘할 수 있는 능력을 하나님께 구하고 그것을 실행하는 것은 이적을 구하는 사람이다. 만약 어떤 사람이 하나님께 건강을 구했다면 그 사람은 마땅히 운동을 열심히 하고 건강관리를 해야 한다.

혹자는 필자에게 이렇게 따질 수 있을 것이다. "열심히 공부할 거면 왜 기도를 하며, 운동하면서 건강관리를 할 거면 왜 이적을 구하는가?" 그러나 이러한 질문은 참으로 어리석은 것이다. 그러면 나는 이렇게 반문하고 싶다. 공부를 열심히 한다고 해서 공부를 잘한다는 보장이 있는가? 그리고 현역 운동선수는 왜 경기중에 혼수상태에 빠져서 결국은 요절하게 되는가? 세상을 사는 모든 사람은 신념이 있고 그 신념대로 산다. 그러나 너무나 역설적으로 모든 사람들은 자기의 신념에 가장 많이 속는다.

많은 학생들이 열심히 공부해서 좋은 대학에 진학하거나 좋은 기업에 입사하려고 하지만 모두가 성공하는 것은 아니다. 반드시 실패하는 사람이 나오는데 그 사람은 자기의 신념에 속은 것이고, 누가 자기 신념에 속을지 아무도 알 수 없다. 사업이나 장사하는 사람들은 좋은 아이템으로 사업이 성공할 것이라는 신념을 가지고 많은 돈을 투자해서 창업하지만 실패하기도 한다. 결혼하는 모든 사람은 행복하게 가정을 꾸리지만 10년도 채 지나지 않아서, 혹은 5년도 지나지 않아서 서로 헤어져서 남남이 되기도 한다. 이러한 것들이 자기의 신념에 속은 것이다.

비단 이러한 예例뿐만 아니라 이 세상을 사는 모든 경우가 그렇다. 신념은 요행이요, 기적을 기다리는 것이다. 신념에는 하나님의 약속이 없다. 오직 말씀에만 약속이 있기 때문에 말씀에 순종하여 행동하면 이적을 체험할 것이요, 신념을 의지하면 요행을 기다리다가 실망하게 될 것이다. 그러나 그리스도인이라고 하면서 이적과 기적을 분별하지 못하고 마치 복음과 율법을 혼돈하는 것처럼 요행을 기다리는 사람들이 많이 있다. 하나님께서는 우리에게 신념을 통하여 기적을 베푸시는 것이 아니라 말씀을 통하여 이적을 베푸시는 것이다. 하나님의 모든 말씀은 명령이며, 그 명령에 순종하는 자들에게 하시는 약속이며, 약속이 성취될 때까지 소망 중에 기다리는 예언이다.

이적은 자신의 처한 상황을 부정하고 말씀에 순종하는 것이요, 기적은 자신이 처한 상황을 인정하면서 그 상황이 바뀌기만을 기다리는 것이다. 예수께서 중풍병자에게 말씀하시기를 "네 침상을 들고 일어나라" 하셨다. 중풍병자는 본래 혼자 일어날 수 없다. 그래서 친구들이 중풍병자를 메고 예수께로 온 것이 아닌가! 예수께서 중풍병자에게 혼자서 일어나라고 말씀하신 것은 네가 중풍병자라는 현실을 부정하고 정상적인 사람처럼 행동하라는 것이다. 이때 이적을 기대하는 사람과 기적을 기다리는 사람이 분리되는 것이다. 이적을 기대하는 사람을 말씀에 순종해서 일어나려고 하고, 기적을 기다리는 사람은 "일어나져야 일어나지 안 일어나지는데 어떻게 일어납니까?" 할 것이다. 일어나기를 기다리는 것은 기적을 기다리는 것이고, 스스로 말씀에 순종하여 일어나려고 하는 사람은 이적을 기대하는 것이다.

그리스도의 거룩한 신유를 기대하는 그리스도인들이여! 스스로 병자라는 생각을 떨치고 말씀에 순종하라. 스스로 공부 못하는 사람이라는 관념을 떨치고 지혜를 명하시는 말씀에 순종하라. 당장에 성적이 오르지 않는다고 하더라도 낙심하지 말라, 믿음은 순종과 함께 일하는 것이다. 믿음은 씨앗이요, 이적은 그 열매이다. 씨앗이 빨리 자라날 수 있도록 '순종'이라는 거름을 주어야 한다. 조바심을 내지 말고 오직 말씀에 순종하면, 비록 세상에서는 소망이 끊어진다고 할지라도 하나님께서 원하시는 때에, 원하시는 방법대로, 말하자면 죽은 자를 산 자같이 부르시고, 없는 것을 있는 것처럼 부르실 것이다. 이것을 믿는 것이 믿음이요, 이것을 믿는 사람이 그리스도인이다.

어떤 사람은 신앙생활을 오래 하고, 성경도 많이 읽고, 교회에서 봉사도 하며, 성령도 모셨는데 육체의 질병이나 문제가 해결되지 않는 것을 보고 하나님께서 자신을 사랑하지 않는다는 생각을 하게 되었다고 한다. 이 사람은 매우 어리석고 불쌍한 사람이다. 마귀의 속삭임에 속아서 선악을 알게 하는 나무의 열매를 먹은 것과 똑같다. 신앙생활은 우주에 속한 육체만을 위한 것이 아니라 영혼을 위한 것이다. 육체의 문제 때문에 영혼의 문제를 돌보지 않는 것은 매우 어리석은 짓이다. 우리의 주 되신 그리스도 예수께서는 어떻게 하셨는지 성경을 상고^{上考}해 보자.

믿음의 주요 또 온전케 하시는 이인 예수를 바라보자 저는 그 앞에 있는 즐거움을 위하여 십자가를 참으사 부끄러움을 개의치 아니하시더니 하나님 보좌 우편에 앉으셨느니라 (히 12:2)

그는 육체에 계실 때에 자기를 죽음에서 능히 구원하실 이에게 심한 통곡과 눈물로 간구와 소원을 올렸고 그의 경외하심을 인하여 들으심을 얻었느니라 [8]그가 아들이시라도 받으신 고난으로 순종함을 배워서 [9]온전하게 되었은즉 자기를 순종하는 모든 자에게 영원한 구원의 근원이 되시고 (히 5:7-9)

예수께서는 하나님의 우편 보좌에 앉으실 것을 기대하면서 벌거벗은 몸으로 인간들에 의해서 죄인처럼 십자가에서 죽으셨다. 인간의 육체도 하나님께서 주신 것이지만, 하나님께서는 인간에게 육체만 주신 것이 아니라 영혼도 함께 주심으로써 영혼을 잘 보존시키기를 원하신다. 혈과 육은 영원한 아버지의 나라에 갈 수 없고 오직 예수 그리스도의 보혈과 하나님의 말씀으로 거룩해진 영혼들이 들어갈 수 있다. 이적은 하나님께서 자기의 자녀들에게 주신 떡과 같아서 기적을 기다리는 자들과는 상관이 없다.

주님께서 말씀하시기를 "자녀의 떡을 취해서 개들에게 던지는 것이 마땅치 않다"라고 하셨는데 이것은 민족주의나 혈통을 말하는 것이 아니라 믿음이 있는 사람과 요행을 기다리는 사람을 구분해서 말씀하신 것이다. 믿음은 반드시 순종을 동반한다. 이적은 하나님의 말씀에 순종하는 자들에게 베푸신 하나님의 자존심이다.

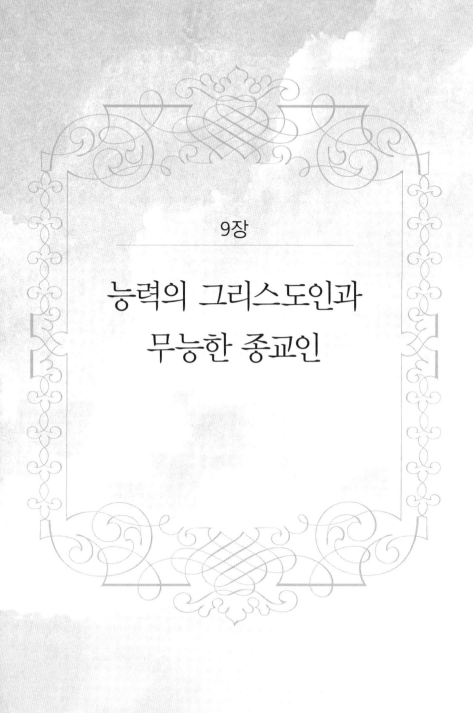

9장

능력의 그리스도인과
무능한 종교인

§

> **십자가의 도가 멸망하는 자들에게는 미련한 것이요 구원을 얻는 우리에게는 하나님의 능력이라(고전 1:18)**

이적은 하늘에 계신 하나님의 능력이 이 땅에 구현되어 나타나는 것이다. 바꾸어 말하면, 이적은 곧 전능하신 하나님의 능력이 이 땅에 나타나는 것이다. 참 그리스도인들은 능력이 있다. 이것은 어제나 오늘이나 영원토록 동일하신 예수 그리스도의 약속이다. 그리스도인은 하나님의 능력을 소유하지만 기독교 종교인들은 능력이 없고 다만 경건의 모습만 있을 뿐이다. 능력의 그리스도인은 하나님의 말씀에 순종함으로써 하나님의 의義를 구하지만 무능한 종교인은 신념을 따라 행동함으로써 자기의 의義를 구한다. 참 경건은 하나님의 말씀으로 말미암지만 종교인들이 가지고 있는 경건의 모습은 세상의 종교의 문화에서 흡수되어 혼합된 사이비似而非이다. 기독교를 종교화하는 것은 명백한 타락이다. 하나님께서 세상에 종교가 부족해서 또 다른 '기독교'라는 종교를 주신 것이 아니다. '종교'라는 문화를 기독교 안에 접목시키려고 하는 것이 바로 타락이다.

이스라엘이 출애굽하여 시내로 광야에서 하나님과 언약을 체결함으로써 하나님의 백성이 되었고, 하나님의 이스라엘의 하나님이 되셨다. 그리고 하나님께서는 광야에서 사십 년간 이스라엘을 혹독하게 훈련시키신 후에 이스라엘을 그들의 조상, 곧 아브라함과 이삭과 야곱에게 약속하신 젖과 꿀이 흐르는 땅으로 인도하셨다. 하나님께서 그들에게

"너희는 가나안에 있는 토착 신들과 언약을 체결하지 말고, 그 신들을 섬기지 말라"고 강력하게 말씀하셨다. 모세와 여호수아는 몇 번이나 이스라엘에게 결단할 것을 요구했고, 백성들은 모두 말씀과 율례를 지키겠다고 응답했다.

그러나 이스라엘은 가나안 땅에 들어가게 되자 광야에서는 보지 못한 선진화된 가나안 문화에 매료되었고, 풍요의 신 바알의 문화에 흡수되어 가나안 최고의 신 바알과 하나님을 동일시했으며, 바알에게 제사하는 방식을 그대로 도입하여 하나님께 제사했는데 이것이 곧 타락이다. 구약성경의 저자인 모세부터 선지자들은 이러한 이스라엘의 타락을 지적하면서 하나님의 말씀(더바림ﬦﬧﬧ)을 기억하라고 촉구하는 것이다.

이러한 이스라엘의 타락으로 말미암아 BC 587년 바벨론의 느브갓네살에 의해 예루살렘 성전이 완전히 파괴되었고 하나님의 선민인 이스라엘은 바벨론의 포로로 끌려가 또다시 노예가 되었다. 이스라엘의 신앙적 타락은 신약시대까지 계속되어 주후 70년 그들이 자랑스러워하는 예루살렘 성전은 로마의 티투스 장군에 의해 또다시 완전히 산산조각이 나고, 로마 황제의 명령에 의해 팔레스타인 지역에서 뿔뿔이 흩어졌다. 이것이 하나님의 말씀의 기독교를 종교로 타락시킨 결과이다.

이러한 하나님의 역사는 비유로써, 오늘날 음부의 권세가 결단코 이기지 못하는 예수 그리스도의 교회를 세상의 종교를 전락시키는 자들을 이 땅에서 영원히 흩어버리실 것에 대한 예표이다. 세상의 종교는 각자가 바라고 원하는 것을 구한다. 그러나 기독교는 오직 하나님의 나라와 그의 의義를 구한다. 세상의 종교는 기적을 기다리지만, 기독교는 이적을 구한다. 세상의 종교는 요행과 운명을 말하지만, 기독교는 약속과 순종을 말한다. 세상의 종교는 수양과 고행을 요구하지만, 기독교는 말씀에 순종하는 것을 요구한다. 세상의 종교의 결과는 허무지만, 기독교의 결과는 영생이다. 세상의 종교는 신념으로 말미암지만, 기독교는 예수 그리스도의 복음(믿음)으로 말미암는다. 그러므로 예수 그리스도의 복음을 초월하고, 말씀을 초월하고, 자기의 신념을 따라 수양하고 고행하는 것은 한낱 기독교 종교일 뿐이다. 하나님의 말씀을 떠나서 종교인이 된 사람은 누구든지 하나님의 영광의 자리에 참예하지 못할 것이요, 너무나 당연하게도 첫째 부활에도 참예하지 못할 것이다. 자기의 수고와 고행과 수양을 통해서 구원을 얻으려고 하는 사람은 신비주의자요, 종교인이다. 그리스도인의 믿음의 능력은 세상을 이기는 이김이지만, 종교인은 마귀가 통치하는 세상의 지배에 복종한다. 마귀가 세상을 통치하는 방법은 인간들에게 '운명運命' 혹은 '팔자八字'라는 굴레를 뒤집어씌우는 것이다.

세상 사람들은 말하기를 태어날 때 정해진 운명은 죽기 전에는 절대로 바꿀 수 없다고 한다. 이 말은 맞는 말일지도 모른다. 그러나 그리스도인들은 예수 안에서 침례를 받음으로써 세상에 속한 옛사람을 장사葬事지냄으로써 모태에서 태어날 때 가진 운명까지 모두 장사지내고 예수 그리스도 안에서 완전히 새로운 삶을 사는 것이다. 이것은 기독교의 주장이나 관념이 아니라 실상이다. 그럼에도 불구하고 자칭 그리스도인이라 하는 사람들이 여전히 운명에 맡기는 무능한 삶을 살고 있다면, 그들은 그리스도인이 아니라 종교인일 뿐이다.

하나님의 말씀은 이 세상에 속한 것이 아니라 하늘에 속한 권세이다. 하늘의 권세는 세상의 권세보다 훨씬 더 크다. 세상의 권세를 능히 제압할 수 있는 하나님의 권세이다. 그 말씀의 권위는 하나님과 동등하시다. 그러므로 말씀을 받은 사람은 마귀가 통치하는 이 세상의 권세를 능히 제압하고 이길 수 있다. 말로만 이러한 주장을 하지 말고, 말씀에 순종함으로 신神의 권세를 갖자.

> **예수께서** 가라사대 너희 율법에 기록한바 내가 너희를 신이라 하였노라 하지 아니하였느냐 [35]성경은 폐하지 못하나니 하나님의 말씀을 받은 사람들을 신이라 하셨거든 (요 10:34-35)
> **하나님을** 사랑하는 것은 이것이니 우리가 그의 계명들을 지키는 것이라 그의 계명들은 무거운 것이 아니로다 [4]대저 하나님께로서 난 자마다 세상을 이기느니라 세상을 이긴 이김은 이것이니 우리의 믿음이니라 (요일 5:3-4)

오늘날 많은 그리스도인들은 믿음을 오해하고 있다. 믿음이란 우주에서는 어느 때던지 듣지도, 보지도 못한 것이다. 그러므로 세상에 이미 존재하고 있다면 그것은 믿음이 아니다. 믿음은 하나님으로부터 나온 계시를 일컫는 용어이다. 필자는 과거에 어떤 병자를 만난 적이 있다. 그는 병이 낫고 싶은 마음이 얼마나 간절한지 수 백 킬로미터 떨어진 곳에서 필자를 만나러 왔다고 했다. 어떤 사람은 이러한 병자를 보고 믿음이 있다고 말하는데 그것은 믿음을 크게 오해한 것이다. 믿음은 세상에는 존재하지 않는 하나님으로부터 나온 말씀이다. 그러나 믿음이 아직 세상에 오기 전에도 모든 병자病者는 병 낫기를 소원했다. 말하자면 병자가 병이 낫고 싶은 마음 자체는 믿음이 아니다.

이러한 마음은 예수 그리스도를 믿지 않는 불신자도 모두 가지고 있다. 비단 병 낫는 문제만이 아니라 가정의 불화문제 해결이나 자녀의 성공 등을 바라는 마음은 불신자도 가지고 있기 때문에 그 마음 자체가 믿음은 아니다. 그러나 많은 그리스도인들이 이러한 마음을 믿음이라고 착각하기 때문에 무능한 종교인 생활에서 벗어나지 못하는 것이다. 세상에도 많은 종교가 있다. 그 종교에도 기원하는 것이 이루어지기를 바라면서 제사를 귀신(우상)에게 드리기도 하고 정성을 들이는 행위가 있다. 그들은 그저 요행을 기다리는 종교인들이다. 이러한 세상의 종교적인 행위와 마음(신념)을 거룩한 예수 그리스도의 교회에서도 행하는 어리석은 사람들이 있다.

아, 이 허탄한 종교인들이여! 세상에 종교가 없어서 예수 그리스도의 피로 사신 교회에 들어와서 종교인이 되려고 하는가? 그것이 세련된 그리스도인이라고 생각하는가? 당신은 당신의 영혼을 담보로 파멸의 길에서 도박을 하고 있는 그저 요행을 기다리는 종교인에서 벗어나 예수 그리스도의 보혈의 능력이 충만한 예수의 증인이 되어야 한다. 구약시대의 이스라엘은 하나님의 약속의 땅으로 들어가기 위하여 광야에서 하나님에 의하여 언약을 체결하고 사십 년간 절기를 지키면서 훈련받는 과정은 실로 치열했다. 하나님을 시험하다가 죽기도 했고, 원망하다가 죽기도 했으며, 하나님이 세우신 지도자에게 반역하다가 죽기도 했다. 지도자 모세가 시내산에서 하나님과 언약을 체결하는 순간에도 백성들은 산 아래에서 금송아지를 하나님과 동일시함으로써 하나님의 진노로 멸절될 뻔했다. 그럼에도 불구하고 하나님의 인자하심과 성실하심으로 인해서 언약을 다시 체결하기를 반복하다가 마침내 하나님의 아들 예수 그리스도께서 세상에 오셔서 새 언약을 체결하심으로 완성하셨다.

예수 그리스도를 통하여 체결한 언약, 그 이상은 존재하지 않는다. 모세는 약속의 땅으로 들어가지 못하고 이스라엘에게 고별설교를 하면서 목이 곧은 이스라엘 백성이 가나안 땅으로 들어가서 토착 종교인 바알을 섬길 것을 걱정했는데 그 걱정은 현실이 되었다. 이스라엘 백성들은 가나안 종교인 바알종교는 큰 신전을 가지고 있고, 제사 형식도 세련되었다고 느낄 만큼 큰 매력을 느꼈을 것이다. 그래서 이스라엘의 거룩한 신(神)이신 하나님을 가나안의 풍요의 신인 바알과 동일시했다. 그들은 타락하기 시작하면서 출애굽 할 때의 유월절을 잊기 시작했다. 이스라엘이 출애굽 사건을 잊었다는 것은 그들의 정체성을 잊었다는 것과 동일하다. 그들의 지도자 여호수아가 죽고 난 후, 그러니까 사사 시대부터 유다 왕 요시야 때까지 유월절을 한 번도 지킨 일이 없었다.

사사가 이스라엘을 다스리던 시대부터 이스라엘 열왕의 시대에든지 유다 열왕의 시대에든지 이렇게 유월절을 지킨 일이 없었더니 ²³요시야 왕 십 팔년에 예루살렘에서 여호와 앞에 이 유월절을 지켰더라 (왕하 23:22-23)

위의 성경 본문에 따르면 이스라엘 역사에서 최고로 훌륭한 왕으로 평가받는 다윗도 유월절을 지키지 않았다. 이것은 이스라엘이 살아계신 하나님을 섬기는 일을 가나안 토착 종교인 바알을 섬기는 것처럼 종교화

시킨 것이다. 이러한 어리석은 사람들이 오늘날에도 하나님의 피로 사신 교회에도 여전히 존재하고 있는것 같다. 이들은 교리를 앞세워서 자기들이 정통임을 자처하지만 실상은 타락한 종교인이다. 그들에게 경건의 모습은 있겠으나 경건의 능력은 전무한 그저 불쌍한 종교인일 뿐이다.

종교인은 수양을 주장하지만 신앙인은 순종을 실천한다. 교회에서 예배와 새벽기도와 각종 모임에 대해서 철저하게 참석하는 사람들이 있다. 또한 십일조를 비롯해서 각종 헌금을 빠짐없이 드리는 사람들도 있다. 이들의 태도는 매우 훌륭한 것이다. 그러나 더 중요한 것은 하나님의 말씀에 순종해서 예배하고, 헌금하고, 찬양하는 것이다. 말하자면 자기가 찬양할 수 있는 여건이나 마음의 상태가 아니어도 말씀에 순종하여 찬양하고, 물질이 없어서 헌금할 수 있는 상황이 아니어도, 빈손으로 보이지 말라는 하나님의 말씀에 순종하여 헌금하고, 예배를 의식으로 생각하는 것이 아니라 하나님의 얼굴을 뵙는 감격의 순간임을 깨닫고 감사함으로써 예배에 나와야 한다는 것이다.

하나님의 말씀은 인간의 환경을 전혀 고려하지 않으신다. 처녀의 태胎를 사용하시기도 하시는 하나님의 모든 말씀은 능치 못하심이 없다(눅 1:37). 하나님의 뜻은 '하나님의 경륜'이라고 하고, 하나님의 말씀의 임함은 '하나님의 섭리'라고 한다. 하나님의 섭리에 속하게 된 사람은 인간적으로는 위기를 겪게 되고 심지어는 목숨을 내어놓아야 하기도 한다. 다시 말하면 하나님의 섭리 안으로 들어가는 사람은 영적으로는 하나님의 큰 영광에 참예하는 일이지만 육으로는 목숨을 내어놓아야 하는 위기를 겪는다는 뜻이다. 신앙인은 하나님의 섭리에 기쁨으로 참예하고, 종교인은 하나님의 섭리를 거절한다. 그러면서 종교인은 여전히 수양하는 모습을 가진다. 하나님께서는 인간에게 종교를 주시지 않고 믿음을 주셨고, 교리를 주지 않으시고 성경을 주지 않으셨으며, 신학을 주지 않으시고 성령을 우리 마음에 주셔서 하나님의 뜻을 깨달을 수 있도록 하셨다.

예수님 시대에 바리새인들은 자신들을 종교인이라고 생각하지 않았다. 오히려 하나님의 가장 잘 섬기는 사람들이라고 생각했을 것이다. 그러한 자부심을 가지고 있는 그들에게 예수께서 "독사의 자식"이라고 책망하셨으나 그들은 그것을 인정하지 않을 뿐만 아니라 하나님에 대한 열심으로 하나님의 아들을 죽이는 일에 앞장섰다. 바리새인들과 서기관들은 삼위일체 하나님, 곧 진리를 알지 못해서 예수 그리스도를 십자가에 못박아 죽였다. 말하자면 그들이 예수 그리스도를 십자가에 죽인 이유는 하나님은 유일하신데(신 6:4) 눈에 보이는 예수가 자기를 가리켜 하나님의 아들이라고 해서 결과적으로 유일하신 하나님을 부정하는 것처럼 말했기 때문이었다.

세상의 종교는 희생과 질서를 강요한다. 여기서 말하는 질서는 화평한 질서 라기보다는 계급구조와 같은 질서를 의미한다. 고대 제국의 종교에서는 항상 신神을 위한 희생을 요구했다. 그러다 보니 늘 어린아이, 장애인 등 사회적 약자들이 희생당했다. 그들을 희생자로 결정하는 사람들은 소위 지도층이었고 희생당한 사람들이 죽은 후에 신神이 되었다고 주장했다. 그리스-로마 신화에는 많은 장애인 신들이 등장하고 있다. 성경에서는 이러한 종교적인 요소를 철저하게 배제하고 있다. 절대 주권자인 하나님의 아들이 직접 희생양이 되어 단번에 제사를 완성시키시고 더 이상 희생을 드리지 말라고 말씀하셨다. 희생보다는 사랑과 자애가 충만한 곳이 예수 그리스도의 교회이다. 이것을 알지 못하기 때문에 교회 안에서도 여전히 희생을 강요하고 있다. 또한 오늘날 교회에서 질서를 강조하고 있다.

이것은 얼핏 보면 맞는 것처럼 보이지만 사실은 성경을 대단히 오해하고 있는 것이다. 구약 사무엘 시대에 이스라엘 백성들은 왕을 세워 달라고 요구했을 때, 하나님께서는 크게 실망하시고 진노하셨다. 하나님만이 왕이요, 의義시요, 공의公義시다. 공의는 모든 판단의 기준이 되신다. 그러나 인간들이 자기들을 통치할 새로운 기준을 만들려고 한 것이 질서이다. 하나님의 질서는 하나님만이 왕이 되시고, 교회는 예수 그리스도의 몸으로서 교회 안에는 지체肢體만이 존재할 뿐이다. 말하자면 교회 안에서의 질서는 위계位階를 말하는 것이 아니라 조화로움을 말하는 것이다. 그래서 눈目이 하는 일이 있고, 귀耳가 하는 일이 있고, 손가락이 하는 일이 있고 발톱이 하는 일이 있다.

이와 같이 모든 지체가 각각 하는 일이 있다. 이 중에 한 지체가 일하지 않으면 몸은 불편하고 병들게 된다. 이때 다른 지체가 게으른 지체를 욕하거나 비난하지 않는다. 오히려 다른 지체들이 더 많은 일을 하면서 연약한 지체를 보완해 준다. 교회는 오직 예수 그리스도만이 통치자가 되시는 거룩한 공동체이다. 교회 안에 있는 종교인들은 여전히 세상의 종교와 같은 희생과 위계를 중요시 여기고 다른 지체들을 정죄하고 비판하는 일에 앞장서고 있다.

그런즉 내 형제들아 예언하기를 사모하며 방언 말하기를 금하지 말라 [40]모든 것을 적당하게 하고 질서대로 하라 (고전 14:39-40)

'질서'라고 번역된 헬라어 '탁신$_{τάξιν}$'은 엄밀히 말하면 '순차'라는 뜻이다. 침례 요한의 아버지가 그 조상의 반열대로 제사장 직분을 받았는데 '반열'로 번역된 헬라어가 탁신$_{τάξιν}$이다. 히브리서에서는 6회 사용되었는데 모두 '반차'라고 번역되었다. 그래서 성경에서 말하는 질서는 '계승되다', '선한 방법'이라는 뜻이다. 그러나 오늘날 교회에서 즐겨 사용하는 질서는 '지시' 또는 '지도'의 의미로 사용한다. 헬라어 $diatάσσω$$_{디아타스소}$는 '명령', '지도'의 의미를 가지고 있다. 그러나 성경에 기록된 '질서'는 디아타스소$_{diatάσσω}$가 아니라 탁신$_{τάξιν}$이다. 그러므로 교회에서 질서라는 명목으로 신앙의 자유와 성서해석의 자유를 억압하려고 해서는 안 된다. 기독교는 세상의 종교가 아니기 때문이다. 기독교는 하나님으로부터 오는 자유가 있다. 자유는 방종이라는 뜻이 아니라 하나님의 통치를 받는 것이지 교리나 신념이나 철학의 통치를 받는 것이 아니다. 자유 민주주의의 기본 가치인 자유는 하나님의 통치만을 받는다는 뜻이다.

교리$_{Dogma}$는 기독교에서 매우 중요한 역할을 해왔고, 계속 그 고난을 헤쳐 나갈 것이다. 교리는 초대교회부터 "예수 그리스도는 누구신가?"에 대한 논쟁부터 시작되었고 많은 변증가들이 예수 그리스도는 하나님과 동일 본질이시고, 신성과 인성을 완전하게 가지고 계신 하나님의 아들로 진술하였다. 그래서 초기 교회에 성도들이 혼란에 빠지지 않도록 훌륭한 역할을 했다. 초기 교회에는 많은 이단들이 출현했는데 그 대표적인 것이 영지주의$_{Gnosis}$였다. 영지주의는 영의 세계는 선$_{善}$으로 인식했고, 물질 세계는 악$_{惡}$으로 인식했기 때문에 말씀이 육신이 되신 예수 그리스도는 하나님이 될 수 없다고 주장했다. 오늘날에도 어떤 사

람들은 사람의 영혼의 중요성을 지나치게 강조한 나머지 육체를 악惡이나 불필요한 것으로 말한다면 그것은 초기 영지주의 이단異端과 같은 사상이다.

이와 같이 교리는 초기 예수 그리스도는 하나님의 아들이심을 확고하게 가르치는 아주 중요한 역할을 감당했다. 그 후부터 교리는 계속해서 발전해왔고, A.D 313년 기독교가 공인되고, 로마의 국교國敎가 된 이후부터는 기독교 교육의 교재로 사용되었다. 왜냐하면 기독교가 로마의 국교國敎가 된 후, 로마의 모든 사람들이 기독교를 믿어야 하는데 성경을 다 읽을 수 없고, 읽어도 무슨 뜻인지 이해하기 어렵기 때문에 그들이 기독교를 간략하게 이해할 수 있는 것을 요약해서 정리한 것이 교리집이다. 교리는 교회사에서 분명한 순기능이 있다. 그러나 한편으로는 교리의 역기능도 분명히 존재한다. 교리는 공의회를 통해서 믿음을 확증하는 방식으로 발전해왔다. 기독교 교회사에서 첫 번째 공의회는 AD 325년 니케아 공의회이다. 니케아 공의회에서 예수 그리스도를 하나님의 아들로 보지 않고 우월한 피조물이라고 주장한 소위 아리우스Arius '양성론'은 이단으로 정죄되었다. 여기서 니케아 신조가 확립되었는데, 오늘날 사도신경의 내용과 비슷하다.

그 후에 AD 381년 콘스탄티노플 공의회와 AD 451년 칼케돈 공의회에서 신앙 고백서를 확증했다. 공의회에서 결정한 내용들은 교리가 되어서 거의 모든 기독교 공동체에 영향을 미쳤다. 그러나 교리로 확립하는 과정에서 많은 정치적인 요소가 반영되어 억울하게 이단으로 정죄되는 경우도 발생했다. 종교개혁 시대에는 위대한 종교개혁자 칼빈이 교리서를 발간했는데 그 유명한 『기독교 강요』이다. 칼빈의 교리를 따르는 사람들을 개혁주의자라고 부르는데 이 개혁주의자들은 칼빈의 교리에 부합되지 않는 모든 것을 이단으로 여겼다. 이러한 교권주의는 여전히 존재하고 교회 내에서 권력을 형성하고 있는 실정이다.

필자는 교리를 부정하지 않지만 교리주의나 교권주의는 배척해야 한다고 주장한다. 교리는 과거 성경이 널리 보급되지 못했을 때, 어느 정도는 순기능을 했지만, 오늘날처럼 성경이 널리 보급되어 있는 시대에서는 오히려 성서해석의 자유를 박탈하는 역기능만 발산하고 있는 듯하다. 현대 기독교 내에서 많은 이단들이 있으나 그중에 성경적 이단보다는 교리적 이단이 더 많은 것 같다. 여하튼 교리를 맹신_{盲信}하여 그것이 기준으로 삼는 것은 매우 위험하고 어리석은 짓이다. 하나님께서는 그리스도의 교회에게 교리가 아니라 성경을 주셨고 성경 해석에는 자유가 있다. 그 누구도 이 자유를 침해하거나 박탈하려고 해서는 안 된다. 교리는 자칫 종교인만을 양산할 수 있는 위험이 크다.

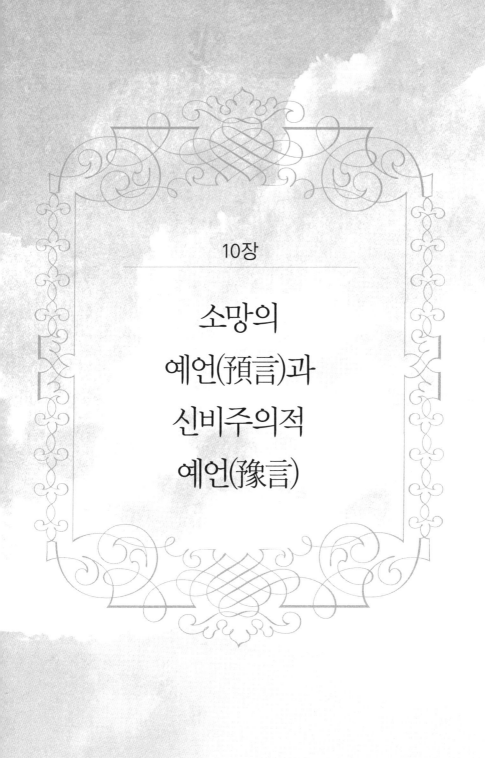

10장

소망의
예언(預言)과
신비주의적
예언(豫言)

§

    오늘날 많은 그리스도인들이 예언하는 은사를 사모하기도 한다. 그러나 그들 중에는 예언에 대해서 크게 오해하여 마치 점쟁이나 무당들이 미래에 대해 점치는 것을 생각한다. 이것은 예언_{預言}을 크게 오해하는 까닭이다. 성경에서 말하는 예언_{預言}은 세상에서 말하는 예언_{豫言}과 확실하게 구분된다. 예언_{預言}은 거룩한 것이다.

    예언_{豫言}한다고 하는 사람은 하나님으로부터 받은 말씀 없이 자기의 생각대로 말하면서 다른 사람을 속이고 자기 자신을 저주하는 것이다. 필자는 자칭 예언_{豫言}한다는 사람을 몇몇을 만나 봤다. 그들은 모두 미혹되어 귀신에게 들은 말을 할 뿐이었다. 또 어떤 사람은 SNS에서 거짓 예언하는 사람에게 찾아가서 성령을 받고 방언도 말하게 되었다고 했는데 놀랍게도 그가 방언이라고 믿었던 것은 귀신이 지껄이는 말이었다. 필자도 성령을 모시고 방언을 하고 방언을 통역하는 은사도 있다. 그래서 그 자체를 절대로 부인하는 것이 아니다.

    성경에서 말하는 예언_{預言}은 영감으로 하나님께 받은 말씀을 선포하는 것이다. 구약성경에서 말하는 예언의 내용은 우상을 멀리하고 하나님과 맺은 언약을 기억하라는 것이다. 신약성경에서는 예언_{預言}에 대해서는 고린도전서 14장에서 다루고 있고, 사도행전 3곳에서 예언을 말하고 있다. 그중에서 사도행전 21장 9절에서 특정한 사람에게 예언하는 내용이 묘사되고 있는데 그 내용은 바울이 고난 받을 것에 대한 것이었다.

그에게 딸 넷이 있으니 처녀로 예언하는 자라 [10]여러 날 있더니 한 선지자 아가보라 하는 이가 유대로부터 내려와 [11]우리에게 와서 바울의 띠를 가져다가 자기 수족을 잡아매고 말하기를 성령이 말씀하시되 예루살렘에서 유대인들이 이같이 이 띠 임자를 결박하여 이방인의 손에 넘겨주리라 하거늘 [12]우리가 그 말을 듣고 그곳 사람들로 더불어 바울에게 예루살렘으로 올라가지 말라 권하니 [13]바울이 대답하되 너희가 어찌하여 울어 내 마음을 상하게 하느냐 나는 주 예수의 이름을 위하여 결박 받을 뿐아니라 예루살렘에서 죽을 것도 각오하였노라 하니 [14]저가 권함을 받지 아니하므로 우리가 주의 뜻대로 이루어지이다 하고 그쳤노라 (행 21:9-14)

여기서 간과하지 말아야 할 것은 성령충만한 바울이 이 예언을 중요하게 여기지 않았다는 것이다. 바울은 예언의 권함을 받지 않았다. 그렇다면 바울이 하나님의 말씀에 정면으로 대항한 것으로 이해해야 하는가? 그럴 수 없다. 하나님께서 신령한 하나님의 종들에게 미래에 될 일을 알려주시기도 하지만 그것을 예언預言이라고 하지 않는다. 예언預言은 하나님과의 언약을 상기시키면서 소망을 주는 것이다. 말하자면 예언預言은 하나님의 경륜을 깨닫고 말씀에 순종하도록 격려하고, 말씀에 순종하는 것이 현재에는 고난이 있지만 장래에는 영생이 보장된 좁은 문이라는 소망을 가지고 견디도록 하는 것이다. 하나님의 경륜은 진리이다. 하나님의 말씀은 오직 진리의 영이신 성령으로만 깨달을 수 있다.

> **보혜사** 곧 아버지께서 내 이름으로 보내실 성령 그가 너희에게 모든 것을 가르치시고 내가 너희에게 말한 모든 것을 생각나게 하시리라 (요 14:26)
>
> **내가** 내 자의로 말한 것이 아니요 나를 보내신 아버지께서 나의 말할 것과 이를 것을 친히 명령하여 주셨으니 [50]나는 그의 명령이 영생인줄 아노라 그러므로 나의 이르는 것은 내 아버지께서 내게 말씀하신 그대로 이르노라 하시니라 (요 12:49-50)
>
> **저희를** 진리로 거룩하게 하옵소서 아버지의 말씀은 진리니이다 (요 17:17)

성서적, 신학적 예언자는 성령께서 겸손하게 하나님의 말씀(진리 ἀλήθεια알레테이아) 앞에 무릎 꿇고 순종하는 사람에게 조명해 주시는 말씀을 선포하는 사람이다. 그래서 예언預言 자체가 중요한 개념이라기보다는 신앙생활을 할 때 자칫 넘어질 수 있는 개념이기 때문에 매우 중요하다고 할 수 있다. 필자는 기독교 신앙이란 말씀에 순종하는 것이고, 이것이 창세기부터 요한계시록까지 일관적으로 관통하는 것이라고 생각한다. 그러므로 말씀을 초월하여 하나님의 경륜을 알려고 하는 것이 바로 신비주의일 것이다. 이것을 직업적으로 하는 사람들을 경계해야 한다. 그 직분이 설령 목회자라고 하더라도 경계해야 한다. 왜냐하면 직분이 그 사람의 신앙을 보증해 주는 것은 아니기 때문이다. 오직 성령만이 우리의 믿음을 보증해 주시는 하나님의 진리의 영이시다.

오늘날 각 교회에서 하나님의 말씀 앞에 겸손하게 무릎 꿇고 순종하는 주의 종들이 많이 있다. 그분들은 성경을 상고하고, 하나님께 기도

함으로써 하나님의 지혜를 구한다. 그러한 선한 목회자들이 예언자_{預言}者이다. 하나님의 말씀을 선포하는 예언자_{預言者}들을 사랑하고 존중해야 한다. 거짓 예언자들은 신비주의적인 예언_{像言}을 하는 사람들이다. 이 중에는 목사도 있고 전도사도 있다. 거짓 예언자_{像言者}들은 자기의 마음에서 생각나는 대로 말하는 저주받은 자들이다.

여호와의 말씀이 내게 임하여 가라사대 ²인자야 너는 이스라엘의 예언하는 선지자를 쳐서 예언하되 자기 마음에서 나는 대로 예언하는 자에게 말하기를 너희는 여호와의 말씀을 들으라 ³주 여호와의 말씀에 본 것이 없이 자기 심령을 따라 예언하는 우매한 선지자에게 화 있을진저 ⁴이스라엘아 너의 선지자들은 황무지에 있는 여우 같으니라 (겔 13:1-4)

경제학에서는 '수요가 공급을 창출한다'라고 말한다. 예언_{預言}에 대하여 개념 없는 그리스도인들이 점쟁이를 찾듯이 예언_{像言}하는 사람들을 찾기 때문에 그러한 미혹된 자들이 생겨나게 된다. 때와 기한과 경륜은 하나님 아버지의 권한에 두셨으니 인간들이 알 바 아니다(행 1:7). 하나님께서 그리스도인의 기도를 들으셨으면 또한 받은 줄 아는 것이 우리의 믿음이요, 담대함이다.

그를 향하여 우리의 가진바 담대한 것이 이것이니 그의 뜻대로 무엇을 구하면 들으심이라 ¹⁵우리가 무엇이든지 구하는 바를 들으시는 줄을 안즉 우리가 그에게 구한 그것을 얻은 줄을 또한 아느니라 (요일 5:14-15)

하나님께서 그리스도인의 기도를 들으시면, 하나님께서 원하시는 때에, 원하시는 방법대로, 말하자면 죽은 자를 산 자같이 부르시고, 없는 것을 있는 것처럼 부르시는 것이다.

죽은 나사로의 사건을 살펴보자.

나사로가 아직 죽기 전에 예수께서 그가 아프다는 소식을 들으셨다(요 11:4). 그러나 즉시 가지 않으시고 원하시는 때에 가셨다. 그때는 나사로가 이미 죽은 지 나흘이나 지나서 썩은 냄새가 날 정도였다. 세상에서는 이미 소망이 끊어졌으나 주님께서 죽은 나사로를 산 자같이 부르셨다. 세상의 소망을 기도응답의 기준으로 삼지 말고, 전능하신 나의 하나님 아버지께서 나의 기도를 들으셨는가를 기준으로 삼아야 한다. 믿음이 여기에 있으니 때와 기한은 아버지의 권한에 두셨다는 것을 인정하고 믿는 것이다(행 1:7).

쓸데없이 점쟁이를 찾듯이 예언豫言하는 자를 찾아가서 미래에 어떻게 될 것인지 묻지 말고 하나님 아버지께 각자의 사정을 아뢰라. 하나님께서 찾으시는 상한 심령이 이러한 것이다. 정히 하나님의 뜻을 알아야 하겠거든 성경을 상고하고, 담임 목사님이 증거하는 하나님의 말씀을 들어야 한다. 목사님이 강단에서 하는 모든 말이 하나님의 말씀이 아니라 예수 그리스도께서 하신 말씀을 증거하는 말씀만이 성령께서 증거하시는 하나님의 말씀이다. 성령께서 교회들에게 하시는 말씀을 전하는 목사님은 유명한 목사님이 아니고, 공부를 많이 하여 박사학위를 가진 목사님이 아니라 겸손하게 하나님의 말씀에 순종하는 하나님의 종이 된 목사님이다.

필자는 때와 기한은 절대적으로 하나님의 권한에 두셨다고 강조한다. 하나님께서 성도들의 기도를 들으셨으면 반드시 응답하시는 것처럼 성도들의 사정을 보시면 반드시 그 길을 예비하신다.

> **아**브라함이 눈을 들어 살펴본즉 한 수양이 뒤에 있는데 뿔이 수풀에 걸렸는지라 아브라함이 가서 그 수양을 가져다가 아들을 대신하여 번제로 드렸더라 ¹⁴아브라함이 그 땅 이름을 여호와 이레라 하였으므로 오늘까지 사람들이 이르기를 여호와의 산에서 준비되리라 하더라 (창22:13-14)

여호와 이레ㅑㅐ ㅐㅑㅐ는 '하나님이 준비하신다'라는 뜻이다. '준비하다'의 뜻을 가진 이레ㅑㅐ는 '보다'라는 뜻인 히브리어 동사 라아ㅑㅐ에서 파생된 단어이다. 하나님께서 믿음의 성도들의 사정을 보시기만 한다면 반드시 미리 준비하신다는 뜻이다. 그러므로 그리스도인들은 사람을 의탁해서 자기의 운명을 점치지 말고 전능하신 우리 하나님 아버지께서 우리의 기도를 들으시고, 우리의 사정을 보시도록 믿음을 보이는 것이 중요하다. 이제는 소망의 예언預言보다 신비주의적인 예언像言을 기대하는 사람은 없을 것이라 생각한다.

하나님의 말씀은 곧 하나님이시다. 말씀을 의지한다는 뜻은 하나님을 의지하는 것이다. 하나님께서는 말씀을 초월하지 않으신다. 믿음은 말씀에 순종하는 것이다. 그리고 하나님께서는 오직 믿음만을 기뻐하신다.

> **믿**음이 없이는 기쁘시게 못 하나니 하나님께 나아가는 자는 반드시 그가 계신 것과 또한 그가 자기를 찾는 자들에게 상 주시는 이심을 믿어야 할지니라 (히 11:6)

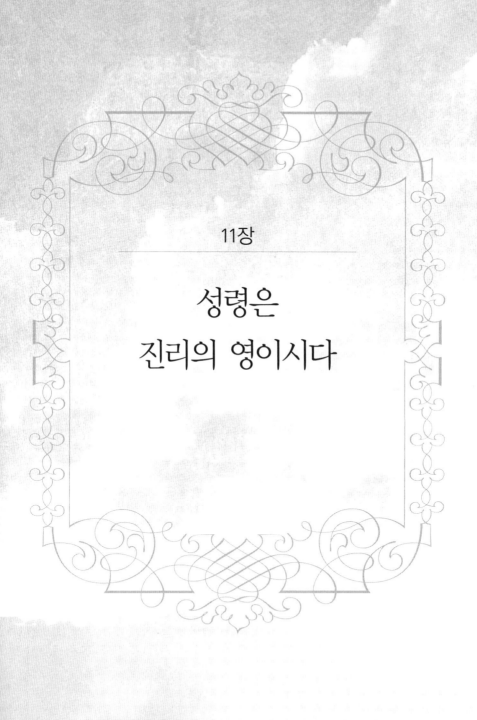

11장

성령은
진리의 영이시다

§

> 내가 아버지께 구하겠으니 그가 또 다른 보혜사를 너희에게 주사 영원토록 너희와 함께 있게 하시리니 ¹⁷저는 진리의 영이라 세상은 능히 저를 받지 못하나니 이는 저를 보지도 못하고 알지도 못함이라 그러나 너희는 저를 아나니 저는 너희와 함께 거하심이요 또 너희 속에 계시겠음이라 (요 14:16-17)
>
> **이**와 같이 성령도 우리 연약함을 도우시나니 우리가 마땅히 빌 바를 알지 못하나 오직 성령이 말할 수 없는 탄식으로 우리를 위하여 친히 간구하시느니라 (롬 8:26)

우리의 주 되신 그리스도 예수께서 성령에 대해서 소개하시기를 성령께서는 "진리의 영"이시라고 아주 분명하게 말씀하시고, 또한 '보혜사'라고 소개하셨다. 보혜사라고 번역된 헬라어 파라클레토스$_{παράκλητος}$는 '변호자', '조력자'라는 뜻이다. 성령께서는 예수는 하나님의 아들이시요, 그리스도이심을 변호하시는 분이시요, 예수께서 말씀하신 것을 오늘날까지 기억나게 하시고 조명해 주시는, 말하자면 예수의 말씀을 성도들의 심령에서 기억나도록 도와주시는 조력자$_{助力者}$이시며, 성도들을 위하여 하나님께 친히 간구해 주시는 조력자$_{助力者}$이시다. 성령께서는 인간의 죄를 사하시는 분이 아니시며, 그러므로 "성령의 불길로 우리의 죄를 태우소서"라고 기도하는 것은 틀린 것이다. 성도들의 사업을 도우시는 분도 아니시며, 자녀들을 명문 대학에 진학시키는 것을 도우시는 분도 아니시다.

오늘날 많은 그리스도인들이 성령에 대해 오해하기 때문에 성령충만하지 못하고 성령의 은사를 간구해도 성령의 은사를 체험하지 못한다. 성령을 체험하는 것은 관념적인 것이나 기분 같은 감정이 절대로 아니라 실제적인 것이다. 기독교가 세상 종교와 구분되는 근본적인 요소가 성령을 체험하는 것이요, 예수 그리스도께서 부활하신 증거가 성령이 임하심이요, 영생에 대한 약속의 증거가 성령의 임하심이다.

그러므로 내가 너희에게 알게 하노니 하나님의 영으로 말하는 자는 누구든지 예수를 저주할 자라 하지 않고 또 성령으로 아니하고는 누구든지 예수를 주시라 할 수 없느니라 (고전 12:3)

현대 교회에서 가장 큰 오해를 하고 있는 성경 구절이다. "성령으로 아니하고는 누구든지 예수를 주시라 할 수 없느니라"라는 이 말씀을 크게 오해하여 예수를 구주로 영접할 때 "예수는 나의 구세주이십니다"라고 고백할 때 성령이 임하셨다고 주장한다. 이것은 성경을 아주 크게 오해한 것이다.

'주'라고 번역된 헬라어 퀴리오스_{Κύριος}는 '권세를 가진 주인'이라는 뜻이다. 고린도전서가 기록된 시기는 주후 55년 전후로 알려져 있다. 고린도전서가 기록된 시기는 네로_{Nero Claudius Caesar Augustus Germanicus, 재위 AD 54-68}가 통치하던 시기임을 간과해서는 안 된다. 전승에 따르면 베드로와 바울이 네로 통치 시기에 순교한 것으로 전해진다. 네로는 황제 숭배를 시행했는데 황제 숭배를 하지 않는 모든 그리스도인들을 죽였다. 이와 같은 시대에 십자가에서 죽은 유대인 청년을 "권세를 가진 주인"으로 고백한다는 것은 목숨을 내놓는 일이다. 다시 말하면 순교를 각오하고 예수를 '주'로 시인하는 것이다. 목숨은 사람이 가장 중요하게 여기는 재산이다. 그래서 모든 재산을 포기하고서라도 목숨만은 건지려고 하는 것은 인지상정人之常情이다. 성령을 모신 성도만이 그러한 인간의 속성을 극복한다는 뜻이다. 성경이 기록된 시대적 배경을 무시하고 현대와 같이 신앙의 자유가 보장된 시기에 그대로 적용해서 입으로 시인하면 성령을 모신다고 주장하는 것은 큰 오해이다.

　많은 그리스도인들이 고민하고 있는 것 중에 하나가 "나는 진짜로 성령을 모셨는가?"이다. 이러한 질문에 많은 교회 지도자들은 성령은 모셨으나 충만하지 못한 것이라고 거짓말하고 있다. 성령이 임하시면 반드시 은사가 나타나게 된다. 그 첫 번째 표적이 방언이다. 방언 자체가 성령이라는 뜻이 아니라 방언은 성령이 임하시면 나타나는 표적으로써 성령이 말하게 하심을 따라 사람의 영이 하나님께 비밀을 말하는 것이다(고전 14:2). 그리스도인들은 더 이상 성령은 모두 받았지만 은사는 특별한 사람만이 받는 것이라는 거짓말에 속으면 안 된다. 예수께서 친히 말씀하신 것을 겸손하게 상고해야 한다.

> **또** 가라사대 너희는 온 천하에 다니며 만민에게 복음을 전파하라 16믿고 침례를 받는 사람은 구원을 얻을 것이요 믿지 않는 사람은 정죄를 받으리라 17믿는 자들에게는 이런 표적이 따르리니 곧 저희가 내 이름으로 귀신을 쫓아 내며 새 방언을 말하며 18뱀을 집으며 무슨 독을 마실찌라도 해를 받지 아니하며 병든 사람에게 손을 얹은즉 나으리라 하시더라
> (막 16:15-18)

본말로 돌아가서 성령이 임하시는 것은 은사를 주시는 것이 목적이 아니라 진리를 증거하시는 것이며, 예수를 변호하시는 것이다. 성령에 은사에 대해서는 필자가 이미 『믿음의 알파와 오메가』에서 자세하게 저술했기 때문에 여기서는 생략하기로 하겠다. 성령의 은사에 대해서 올바른 개념을 갖고자 하는 사람들은 꼭 『믿음의 알파와 오메가』를 정독하기를 권한다. 성령께서는 진리를 증거하실 때 자의自意로 말하지 않으시고 오직 하나님 아버지께 듣는 말씀을 말하신다(요 16:13). 예수께서도 자의로 말씀하지 않으시고 아버지께서 이르신 말씀만을 증거하셨으니 아버지의 말씀은 진리시다(요 17:17). 요컨대 성령께서 증거하시는 진리는 성령께서 자의로 말씀하지 않으시고 예수께서 말씀하신 것만 말씀하신다.

보혜사 곧 아버지께서 내 이름으로 보내실 성령 그가 너희에게 모든 것을 가르치시고 내가 너희에게 말한 모든 것을 생각나게 하시리라 (요 14:26)

앞에서 말한 신비주의적으로 예언像言하는 자들이 하나같이 말하기를 성령충만하여 예언한다고 거짓말한다. 그러나 성령께서 조명하시는 말씀은 사사로운 것이나 새로운 것을 말씀하시는 것이 아니라 예수께서 말씀하신 것을 생각나게 하시고 조명해 주신다. 예수께서는 영원 전부터 계신 하나님의 말씀(로고스λόγος)을 말하셨고, 성령께서도 동일한 말씀을 하신다. 새로운 하나님의 말씀이나 뜻을 기대하는 어리석은 생각을 당장에 접고 성경에 기록된 하나님의 말씀에 순종함으로써 하나님의 뜻을 알아야 한다.

하나님 아버지께서 성령을 성도들에게 보내주신 이유는 하나님을 관념이나 사유思惟 속에 가두지 말라는 것이다. 앞에서 말한 바와 같이 성령께서 임하신 사건은 예수 그리스도의 부활이 기독교의 주장이 아니라 실상이라는 가장 확실한 증거이다. 예수 그리스도의 부활이 실상이라면 예수께서 하나님의 아들이심이 실상이라는 뜻이요, 예수께서 하나님의 아들이 실상이라면 하나님 아버지의 존재가 실상이다. 이러한 관계가 진리이다.

> **영생**은 곧 유일하신 참 하나님과 그의 보내신 자 예수 그리스도를 아는 것이니이다 (요 17:3)

하나님께서는 유일하신 하나님이시지만 삼위三位, 곧 세 인격을 가지신 하나님이시다. 오늘날에도 여전히 하나님의 이름과 뜻을 사모하는 성도들의 영혼에 임하시는 성령은 예수 그리스도의 부활을 증거하시는 것이다. 성령이 임하시는 이유는 하나님의 말씀을 증거하시고 예수 그리스도의 부활을 증거하시기 위함이다. 성령께서 증거하시는 말씀만을 진리라고 한다. 율법이 비록 하나님의 입으로 하신 말씀이지만 율법을 진리라고 하지 않고 성령께서 증거하시는 예수 그리스도의 입으로 하신 말씀만을 진리라고 한다. 믿음은 진리, 곧 말씀이다. 진리에 장성한 자가 되는 과정은 오직 성령으로 말미암는 것이요, 다른 말로 하자면, 믿음이 성장하는 것은 성령으로 말미암는다. 교회에 오래 다니고 교회에서 봉사도 하는 모습이 믿음이 성장한 것임을 증명하는 것은 아니다.

다른 이에게는 같은 성령으로 믿음을, 어떤 이에게는 한 성령으로 병고치는 은사를 (고전 12:9)

"믿음이 있다"라는 말의 의미는 관념적인 것이 아니라 "말씀에 순종한다"는 뜻이다. 말씀은 영원 전부터 하나님과 함께 계신 하나님이시다. 교회에서 봉사하는 것은 예수 그리스도께서 이 땅에 오시기 전에도 있었으나 성령의 임하심은 예수 그리스도께서 죽으시고, 부활하시고, 승천하신 후에야 비로소 인류 역사상 처음으로 있었던 사건인데 오늘날에도 여전히 동일하게 믿는 자들에게 임하신다. 하나님의 거룩한 성령님은 썩어서 없어질 인간의 육체의 도우미로 전락시키지 말고 각자의 영혼을 거룩하게 하는 진리에 장성한 자가 되도록 도우심을 구해야 한다. 성령님은 거룩한 진리의 영이시다.

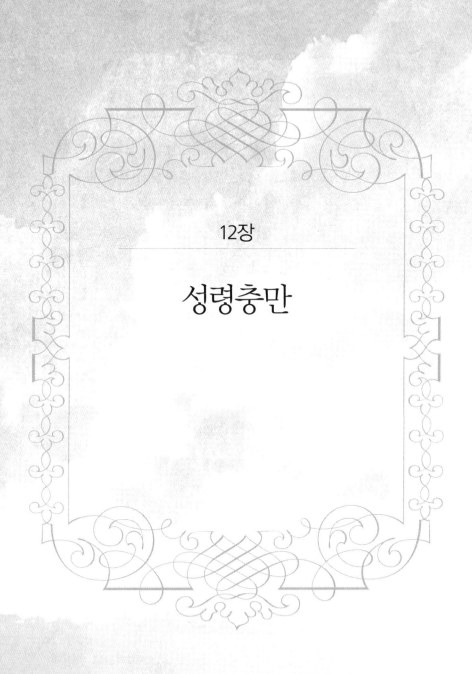

12장

성령충만

§

그리스도인의 평생 기도제목은 성령충만이다. 왜냐하면 성령충만해야만 하나님의 뜻에 순종할 수 있기 때문이다. 그러나 '성령충만'이라는 말을 크게 오해하는 사람들이 많이 있다. 말하자면 성령 충만함을 오해해서 철야기도나 새벽기도를 하고, 성경말씀을 읽거나 뜨겁게 찬양하면 성령충만했다가 이러한 열심이 수그러들면 성령충만도 같이 수그러든다고 생각한다. 그러나 이것은 성령에 대해 크게 오해하고 있는 것이다.

성령께서는 풍선의 바람처럼 부풀었다고 쪼그라드는 그런 분이 아니시다. 만약 성령충만했다가 그 충만함을 잃어버리면 다시는 회복할 수 없다. 뜨겁게 철야기도를 하거나 새벽기도를 하는 것이 성령충만함의 표지$_{sign}$는 아니다. 다시 말하면 기도해서 성령충만해지는 것이 아니요, 눈물을 흘리면서 찬양해서 성령충만해지는 것도 아니다. 교회에서 봉사하는 것으로 성령충만해지는 것은 더더욱 아니다. 다만 성령충만하면 기도를 뜨겁게 할 것이요, 찬양도 믿음을 담아 할 것이요, 교회에 여러 직분으로 봉사도 열심히 할 것이다.

성령은 진리의 영이시다. 이 명제는 인간이 성령님을 알 수 있는 대전제이다. 성령충만이라는 의미를 관념적으로, 혹은 자기만의 신념으로 이해하려고 하지 말고 그리스도 예수께서 소개하시고 가르치신 말씀으로 이해해야 한다. 성령충만은 진리의 말씀에 순종하는 분량이 충만하다는 뜻이다. 만약 어떤 사람이 성령께서 조명해 주시는 말씀에 순종하지 않으면 성령께서 조명해주시는 분량이 점점 줄어들고 마침내 더 이상 조명해 주시지 않는 때가 온다. 이때를 가리켜 성령이 소멸되었다고 말한다.

> **항상** 기뻐하라 [17]쉬지 말고 기도하라 [18]범사에 감사하라 이는 그리스도 예수 안에서 너희를 향하신 하나님의 뜻이니라 [19]성령을 소멸치 말며 (살전 5:16-19)
>
> **한번** 비췸을 얻고 하늘의 은사를 맛보고 성령에 참예한바 되고 [5]하나님의 선한 말씀과 내세의 능력을 맛보고 [6]타락한 자들은 다시 새롭게 하여 회개케 할 수 없나니 이는 자기가 하나님의 아들을 다시 십자가에 못 박아 현저히 욕을 보임이라 [7]땅이 그 위에 자주 내리는 비를 흡수하여 밭 가는 자들의 쓰기에 합당한 채소를 내면 하나님께 복을 받고 [8]만일 가시와 엉겅퀴를 내면 버림을 당하고 저주함에 가까와 그 마지막은 불사름이 되리라 (히 6:4-8)

성령충만함을 잃어버리면 다시는 회복할 수 없고 그나마 남아있는 상태로 믿음을 유지하면 그나마 기회를 얻을 것이요, 완전하게 믿음을 버려버리면 불사름을 당할 것이다. 성령충만은 모든 그리스도인이 각자의 영혼을 위해 유지해야 할 생명의 법이다.

성령충만은 자기의 신념信念을 버리는 일이고 자기의 지식을 버리는 일이며 경험과 지혜를 버려야 하는 일이다. 오직 하나님의 말씀(로고스 λóγος) 앞에 순종하는 것이 성령충만이다. 세상 사람들은 자기의 신념과 경험과 지혜와 지식을 의지해서 살아가지만 믿음의 사람들은 말씀을 의지해서 살아간다. 성령충만한 그리스도인은 다른 사람을 정죄하지 않고 긍휼히 여기며, 불평하지 않고 자신이 어려운 일을 담당한다. 성령충만한 그리스도인은 하나님의 능력이 나타남으로써 이적이 따르니, 곧 예수 이름으로 더러운 귀신을 쫓아내며 병 고치는 주의 능력이 함께한다(눅 5:17). 성령충만한 사람은 율법에 매여 있는 사람들에게 진리를 가르쳐 율법과 사망에서 자유케 한다. 성령충만한 그리스도인은 하나님을 자기의 뜻 안으로 끌어들이려고 하지 않고, 오히려 자기 자신이 하나님의 뜻 안으로 들어가려고 한다. 성령충만한 그리스도인은 겸손하여 말씀에 순종한다.

율법은 육체의 예법이요, 성령충만은 영혼의 생명의 법이다. 율법은 지구에 사는 모든 족속에게 보편적으로 적용되는 윤리요, 진리는 하늘 하나님만이 사용하시고 적용하시는 법이다. 율법을 철저하게 지키면 경건한 사람이 되고, 성령충만하면 하늘에 속한 신령한 사람이 된다. 성령충만한 사람은 교회에서 세상의 정의를 실현하려고 하지 않는다. 예수 그리스도의 의義가 없으면 모든 사람이 불의하다. 그러므로 세상에는 의義가 없다. 불의한 세상의 의義로써 불의한 죄인들이 예수 그리스도의 의로운 교회를 판단하려고 하는 것은 미친 짓이다.

오늘날 교회를 세상의 잣대를 가지고 평가하려고 하는 어리석은 사람들이 넘쳐나고 있으니 이들은 종교인이다. 교회에는 오직 복음과 진리와 성령충만함이 가득해야 한다. 많은 사람들이 하나님의 말씀을 자기의 세상적인 사상 위에 뿌리기 때문에 진리를 깨닫지 못하고 하나님의 말씀이 역사하지 못하며 성령충만하지 못한다. 너무나 당연하게 이적이 따르지 않는다.

좋은 땅에 뿌리었다는 것은 말씀을 듣고 깨닫는 자니 결실하여 혹 백배, 혹 육십배, 혹 삼십배가 되느니라 하시더라 (마 13:23)

성령충만한 그리스도인은 말씀을 듣고 깨닫는다. '깨닫는다'라는 것은 알지 못하던 내용을 새롭게 알았다는 뜻이 아니라 자기의 신념과 뜻을 꺾고 말씀에 순종하는 것을 말한다. 세상의 핍박, 재리財利, 지혜, 지식이나 경험 위에 하나님의 말씀을 받으면 성령충만하지 못하고 하나님의 말씀이 결실하지도 못하게 된다. 성령충만은 인간이 자기의 의지로 성령님을 제한하지 않고 자기의 인격, 곧 의지를 완전하게 내어드리는 것이다. 성령께서는 전능하신 삼위三位 중 일위一位가 되시는 하나님이시지만 인간의 의지를 초월하지 않으신다. 그렇기 때문에 인간이 거역하면 거역을 당하시고, 훼방을 하면 훼방을 받으신다(마 12: 31-32). 그렇다고 해서 성령께서 무능하시거나 인격이 없으신 것은 절대로 아니다. 성령을 훼방하는 일은 진리를 훼방하는 일이요, 진리를 훼방하는 죄는 영원히 사하심이 없다(히 6:4-6). 진리는 하나님의 의義요, 하나님의 자존심이요, 하나님의 영광榮光이다.

성령충만은 하나님의 영광이 충만한 것이다. 신령한 그리스도인은 성령께 자기의 의지를 드림으로써 성령께 순종하는 사람이다. 비록 자기의 뜻이 있어도 성령께서 조명하시는 말씀에 순종하는 것이다. 만약 성령충만을 잃어버리면 다시는 회복할 수 없다는 것을 기억해야 한다. 어떤 이들은 베드로를 생각해서 회개하면 다시 성령충만할 수 있는 기회를 얻을 것으로 생각하지만 이것은 성경을 오해한 것이다. 베드로가 예수 그리스도를 부인한 것은 성령이 아직 임하시기 전의 일이다. 주의 제자들이 예수님을 버리고 모두 도망한 것도 성령이 아직 임하시기 전의 일이다.

신령한 그리스도인들은 성령을 모신 후에 성령께 의지를 드려 날마다 성령 충만한 삶을 산다. 우주 안에서 얻은 지식과 경험을 가지고 성령님을 제한하지 말고, 진리를 증거하시는 성령님께 순종하자. 성령님은 새로운 것을 말씀하지 않으시고 예수께서 증거하신 하나님 아버지의 말씀과 뜻을 증거하시는 진리의 영이시다. 병 고치는 주의 능력은 성령으로 말미암고, 귀신을 쫓아내는 능력도 성령으로 말미암고, 방언과 방언 통역하는 은사도 성령으로 말미암으며, 믿음도 성령으로 말미암는다.(고전 12:9-10)

믿음은 말씀이다.

> 그러므로 믿음은 들음에서 나며 들음은 그리스도의 말씀으로 말미암았느니라 (롬 10:17)

'믿음이 있다'는 것은 믿는 대상이 있다는 뜻이 아니라 말씀이 있다는 뜻이다. 말씀이 있다는 것은 말씀에 순종한다는 뜻이다. 믿음은 예수 그리스도의 말씀으로 말미암는다. 성령충만은 믿음충만과 동일한 뜻이다. 말씀에 순종하지 않고 자기의 의義를 실현하려고 하는 사람은 절대로 성령충만할 수 없고 진리를 깨달을 수도 없다. 말씀에 순종하는 것을 겸손謙遜이라고 하고, 불순종하는 것을 교만驕慢이라고 한다. 그러므로 겸손謙遜과 교만驕慢의 대상은 사람이 아니라 하나님이기 때문에 사람이 겸손과 교만을 판단할 수 없다.

　그럼에도 불구하고 교회 안에서도 자기의 주장을 굽히지 않는 사람을 교만한 사람으로 판단하거나 겸손한 체하면서 직분을 거절하는 사람을 오히려 겸손한 사람으로 판단하기도 하는데 이것은 잘못하는 것이다. 비록 사람 앞에서는 교만해 보일지라도 오히려 말씀에 순종하는 겸손謙遜한 자가 성령충만한 사람이다. 하나님께서는 겸손謙遜한 자를 사랑하시고 교만驕慢한 자를 대적하신다는 뜻을 잘 이해해야 한다. 사람들 사이에서 자기주장이 강한 사람이 교만驕慢한 것이 아니라 자기의 뜻이 하나님의 뜻을 이기는 사람이 교만驕慢한 사람이다. 겸손謙遜의 다른 이름은 순종이고, 교만驕慢의 다른 이름은 불순종이다.

　'순종하다'로 번역된 히브리어 שָׁמַר샤마르는 '지키다', '관찰하다', '보호하다', '복종하다'라는 뜻을 가지고 있다. 성령께 순종하는 것은 성령께 복종하는 것이요, 말씀에 순종하는 것은 말씀을 원수가 빼앗아가지 못하도록 말씀을 지키는 것이다. 성령충만은 그리스도인이 일평생 유지해야 할 양식이요, 명령이다. 성령충만한 그리스도인은 영생을 상賞으로 받을 것이다. 이것은 전능하신 하나님 아버지와 맺은 언약言約이다.

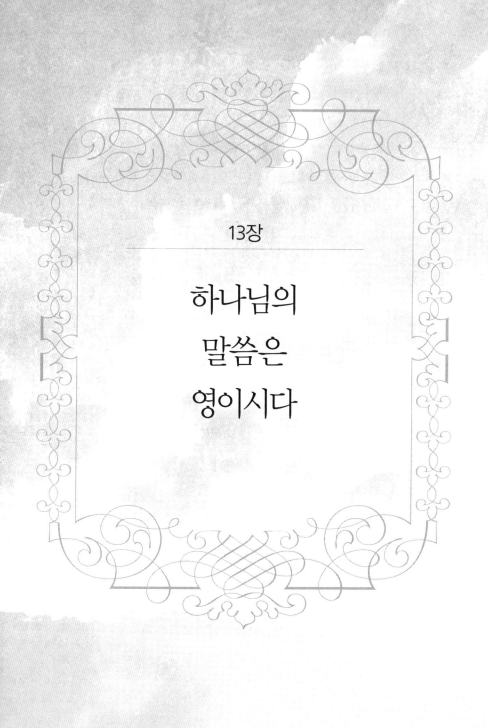

13장

하나님의
말씀은
영이시다

§

하나님께서는 영이시다(요 4:24). 그러므로 영이신 하나님에게서 나오는 모든 것은 영이다. 하나님 품에서 독생하신 예수 그리스도의 육체는 영이 육체가 되신 신비한 하나님의 역사役事이다. 예수의 육체의 죽음이 인간의 영혼을 구원할 수 있는 이유도 예수의 육체는 영이신 말씀이 육신이 되셨기 때문이다. 예수 그리스도의 말씀은 영이다.

> 살리는 것은 영이니 육은 무익하니라 내가 너희에게 이른 말이 영이요 생명이라 (요 6:63)

영靈은 본래 무형성, 비물질적인 속성을 가지고 있다. 그렇기 때문에 눈으로 볼 수 없고, 귀로 들을 수 없으며, 냄새도 맡을 수 없다. 그럼에도 불구하고 예수께서 무리들에게 하신 말씀은 모두 사람들의 귀로 들을 수 있었다. 이러한 역사役事는 실로 전능하신 하나님의 열심으로 이루어진 것이다. 진리는 영이시다. 귀로 들을 수 있는 진리를 복음이라고 한다. 믿음은 들음에서 나고 들음은 진리로 말미암는다. 영이신 하나님의 말씀의 최종 목적지는 사람의 영이다. 다른 말로 하자면 진리는 인간의 육체를 위한 것이 아니라 사람의 영을 위한 것이다. 인간의 육체를 위해서는 율법을 주셨고, 사람의 영을 위해서 진리를 주셨다.

> 율법은 모세로 말미암아 주신 것이요 은혜와 진리는 예수 그리스도로 말미암아 온 것이라 (요 1:17)

이 장막은 현재까지의 비유니 이에 의지하여 드리는 예물과 제사가 섬기는 자로 그 양심상으로 온전케 할 수 없나니 [10]이런 것은 먹고 마시는 것과 여러 가지 씻는 것과 함께 육체의 예법만 되어 개혁할 때까지 맡겨 둔 것이니라 (히 9:9-10)

진리는 하나님을 아는 지식, 혹은 하나님을 아는 이치이다. 하나님을 알 수 있는 방법은 말씀과 성령이다. 말씀을 초월해서는 하나님을 알 수 없고, 말씀을 들었다고 하더라도 성령께서 깨닫게 해주지 않으시면 알 수 없다. 성령께서는 새로운 방법과 말씀으로 깨닫게 해주시지 않으시고 오직 예수 그리스도께서 하신 말씀을 생각나게 하시고 기억나게 하시니 성령께서는 과연 진리의 영이시다. 성령께서는 사람의 영혼에 임하셔서 사람의 영혼속에 하나님의 말씀이 임하시도록 하신다. 자, 그럼 영이신 하나님의 말씀이 어떻게 사람의 영혼속에 임하게 되는지 보자.

필자는 종종 사람을 복숭아에 비유한다. 다른 비유도 많이 있겠으나 복숭아가 가장 적절하다고 생각하기 때문이다. 사람은 영, 혼, 육으로 이루어져 있다. 사람의 영, 혼, 육은 기능적인 역할로 구분될 뿐이요 분리할 수 없는 하나이다. 그래서 영, 혼, 육 중에서 하나만 없으면 사람이 될 수 없다. 그럼에도 불구하고 성경에서는 영, 혼, 육으로 그 기능을 나누고 있다.

평강의 하나님이 친히 너희로 온전히 거룩하게 하시고 또 너희 온 영과 혼과 몸이 우리 주 예수 그리스도 강림하실 때에 흠 없게 보전되기를 원하노라 (살전 5:23)

'영과 혼과 몸'이라고 번역되었는데 헬라어로 보면 $\tau\grave{o}$ $\pi\nu\epsilon\hat{\upsilon}\mu\alpha$ $\kappa\alpha\grave{\iota}$ $\dot{\eta}$ $\psi\upsilon\chi\grave{\eta}$ $\kappa\alpha\grave{\iota}$ $\tau\grave{o}$ $\sigma\hat{\omega}\mu\alpha$토 프뉴마 카이 헤 푸쉬케 카이 토 소마인데 '영과 혼과 육체'라는 뜻이다. 육체의 목숨을 위해서는 식물을 먹어야 하는 것처럼, 영의 생명을 위해서는 하나님의 말씀을 먹어야 한다. 하나님의 말씀은 계명으로써, 하나님의 계명은 인간을 괴롭히려는 것이 아니라 영생을 주시기 위함이다(요 12:50).

영이신 하나님의 말씀이 사람의 영에 임하기 위해서는 가장 먼저 사람의 귀나 눈을 통해야 한다. 성경은 하나님의 말씀이 기록된 거룩한 책이다. 그래서 영이신 하나님의 말씀을 사람의 눈으로 볼 수 있다. 복음중재자에게 영이신 하나님의 말씀을 듣기도 한다. 그러나 이때는 하나님의 말씀이 육체에 있을 뿐이다. 복숭아로 비유하자면, 물렁한 과육을 통과하는 과정과 같다. 사람이 귀나 눈으로 하나님의 말씀을 받고 나면 이성적으로 생각을 한다. 이성이라고 말하지만 실상은 자기의 신념과 철학이다. 사람의 신념과 철학은 매우 단단해서 이러한 신념이 무너지면 어떤 이들은 스스로 목숨을 버리기도 한다. 이만큼 신념은 그 사람의 사상을 담고 있는 그 사람 자체라고 해도 과언이 아니다. 이성은 복숭아의 씨를 감싸고 있는 딱딱한 껍질과 같아서 좀처럼 깨지지 않는다.

하나님의 말씀을 받는데 가장 큰 장애물은 인간의 이성이다. 인간의 이성은 우주에서 시작되었고, 하나님의 말씀은 영원 전부터 계시는 자존하시는 하나님으로 시작되었기 때문에 그 시작이 전혀 다른 것이다. 그럼에도 불구하고 인간들은 하찮은 신념과 철학과 사상을 가지고 하나님의 말씀에 저항하면서 하나님의 말씀 앞에 겸손히 순종하는 신령한 그리스도인들을 비판하고 핍박하고 있다. 세상에서 최고의 학문은 철학이다. 과학도 철학에서 시작된 초등학문일 뿐이다. 그 철학도 고작 우주 안에 있는 것을 사유思惟할 뿐이요, 우주 어딘가에 영계靈界가 있을 것이라고 막연하게 추측할 뿐이다.

21세기 최첨단의 과학도 우주의 억만분의 일도 알아내지 못하고 있다. 그러면서 그 알량한 지식으로 우주보다 수백억만 배 더 큰 하나님에 대한 지식을 판단하려고 하고 있다. 신령한 그리스도인이 알고 있는 진리는 우주 밖에 있는 영원한 '아버지의 집'이라고도 하고, '영광의 아들의 나라'라고도 하는 영계와 영원 전부터 계신 유일하신 하나님을 알고 이해하는 지식이다. 이러한 광대한 지식은 '혼'이라는 작은 그릇에 담을 수 없고 오직 '영'이라는 그릇에만 담을 수 있다. 사람의 영은 이 땅에서 지음 받은 것이 아니라 하늘에서 지음 받았기 때문에 사람의 영만이 알 수 있고 이해할 수 있다.

인격이란 '지식', '감정', '의지'가 완전하게 융합된 상태를 말한다. 사람의 혼이 인격을 담당한다. '사람'이라고 말하는 것은 혼을 가리켜 말하는 것으로써 사람으로서 하지 말아야 할 짓을 하게 되면 짐승 같은 사람이라고 부르기도 한다. 이와 같이 사람의 사람다움은 사람의 혼(인격)이 결정한다.

하나님이 가라사대 우리의 형상을 따라 우리의 모양대로 우리가 사람을 만들고 그로 바다의 고기와 공중의 새와 육축과 온 땅과 땅에 기는 모든 것을 다스리게 하자 하시고 27하나님이 자기 형상 곧 하나님의 형상대로 사람을 창조하시되 남자와 여자를 창조하시고 28하나님이 그들에 하나님께서 사람의 혼은 이 땅의 것을 다스리고 번성하는 것으로 그 한계를 정하셨다. 그러나 사람의 영의 기능은 영이신 하나님의 말씀을 받도록 정하신 것이다.

아담과 하와가 선악과 계명을 어기고 선악을 알게 하는 나무의 실과를 따먹음으로써 이 땅에서 지음 받아 이 땅의 것으로 살도록 창조된 사람의 혼과 하늘에서 온 영은 끊임없기 갈등하기 시작했다. 사도 바울도 이와 같은 자기의 사정을 기록했다(롬 7:25). 하나님의 말씀을 받기 위해서는 사람의 이성을 포기해야 한다. 앞에서 살펴본 바와 같이 사람의 사람다움은 곧 인격인데 그 이성을 포기하는 것은 자기를 부인

하는 것이다. 이것을 믿음이라고 부른다. 믿음을 가지고 예수 그리스도를 따르는 자만이 하나님이 보시기에 합당한 사람이다.

이에 예수께서 제자들에게 이르시되 아무든지 나를 따라오려거든 자기를 부인하고 자기 십자가를 지고 나를 좇을 것이니라 (마 16:24)

하나님의 말씀을 육체의 귀로 듣고 이 땅에서 얻은 신념과 철학과 사상을 포기하면 딱딱한 '혼'이라는 껍질이 깨지면서 하나님의 말씀이 혼 안에 담겨있는 영에 임하게 된다. 그때 하나님의 말씀을 체험하게 된다. 그 전까지는 하나님의 말씀을 체험할 수 없다. 왜냐하면 하나님의 말씀의 최종 목적지는 사람의 영이기 때문이다. 또한 하나님의 말씀은 인격적으로 만날 수도 없다. 어떤 이들은 하나님을 인격적으로 만나야 한다고 주장하지만 이것은 어불성설이다. 하나님을 만날 수 있는 유일한 방법이 말씀으로 만나는 일이요, 성령님을 만나는 일이다. 그러나 말씀과 성령님은 사람의 영속에 임하시고, 사람의 영이 인격이 아니라 사람의 혼이 인격이다. 요컨대 내 영이 하나님을 체험하는 것이다.

하나님의 말씀을 만난 영이 끊임없이 혼을 설득하여 하나님을 향한 의지를 발현하도록 한다. 혼魂 자체는 정욕을 따라 살려고 하고 영은 하나님의 말씀을 따라 살려고 하기 때문에 영과 혼은 끊임없이 갈등하게 된다. 하나님의 말씀을 받지 않은 사람들은 갈등하지 않는다. 신령한 그리스도인은 갈등하지 않고 곧바로 말씀에 순종하기도 하지만 그리스도인이라고 하면서 세상을 살면서 갈등하지 않고 정욕대로 살아가는 사람은 진정한 그리스도인이라고 할 수 없을 것이다. 그리스도인은 신분으로써 교회에서의 직분이 진정한 그리스도인이라는 신분을 보장하는 것은 아니다. 성령께서는 진리의 영이시기 때문에 진리가 있는 곳에 거하시고, 그 진리로 말미암아 성도들이 부활하는 것이다.

> **예수를 죽은 자 가운데서 살리신 이의 영이 너희 안에 거하시면 그리스도 예수를 죽은 자 가운데서 살리신 이가 너희 안에 거하시는 그의 영으로 말미암아 너희 죽을 몸도 살리시리라 (롬 8:11)**
>
> **무릇 하나님의 영으로 인도함을 받는 그들은 곧 하나님의 아들이라** [15] 너희는 다시 무서워하는 종의 영을 받지 아니하였고 양자의 영을 받았으므로 아바 아버지라 부르짖느니라 [16]성령이 친히 우리 영으로 더불어 우리가 하나님의 자녀인 것을 증거하시나니 [17]자녀이면 또한 후사 곧 하나님의 후사요 그리스도와 함께한 후사니 우리가 그와 함께 영광을 받기 위하여 고난도 함께 받아야 될 것이니라 (롬 8:14-17)

종의 영은 율법이요, 양자의 영은 복음을 말하는 것이다. 예수께서 말씀하신 "내 말이 영이라"하는 것을 기억해야 한다. 사도 바울은 갈라디아서에서 율법과 복음에 자세하게 설명하고 있는데 아브라함에게 두 아들이 있었는데 종 하갈에서 태어난 이스마엘과 자유자인 사라에게서 태어난 이삭이다. 그 두 아들은 비유로써 종의 아들인 이스마엘은 율법이요, 자유자의 아들인 이삭은 복음(진리)을 말하는 것이다. 율법 아래 있는 자들은 천국을 유업으로 받지 못할 것이다.

기록된바 아브라함이 두 아들이 있으니 하나는 계집종에게서 하나는 자유하는 여자에게서 났다 하였으나 ²³계집 종에게서는 육체를 따라 났고 자유하는 여자에게서는 약속으로 말미암았느니라 ²⁴이것은 비유니 이 여자들은 두 언약이라 하나는 시내산으로부터 종을 낳은 자니 곧 하가라 ²⁵이 하가는 아라비아에 있는 시내산으로 지금 있는 예루살렘과 같은 데니 저가 그 자녀들로 더불어 종노릇하고 ²⁶오직 위에 있는 예루살렘은 자유자니 곧 우리 어머니라 (갈 4:22-26)

형제들아 너희는 이삭과 같이 약속의 자녀라 ²⁹그러나 그 때에 육체를 따라 난 자가 성령을 따라 난 자를 핍박한 것 같이 이제도 그러하도다 ³⁰그러나 성경이 무엇을 말하느뇨 계집 종과 그 아들을 내어 쫓으라 계집 종의 아들이 자유하는 여자의 아들로 더불어 유업을 얻지 못하리라 하였느니라 (갈 4:28-30)

하나님께서는 세상에 믿음을 보내주셔서 인간이 구원을 얻을 수 있는 길을 열어주셨고 그 믿음으로 말미암아 영생을 얻게 하셨다. 믿음의 결국結局은 영생이요, 구원의 결국結局은 영생이다(롬 6:22; 벧전 1:9).

말씀은 영원 전부터 하나님과 함께 계신 하나님이시다. 말씀(로고스)은 말씀의 높임말이 아니라 태초부터 하나님과 함께 계신 영이시다. 하나님께서는 영이시다. 말씀에 순종한다는 것은 하나님의 말에 순종한다는 뜻만이 아니다. 더 정확하게는 하나님께 순종한다는 뜻이다. 그리스도인들이 크게 오해하는 이유가 말씀(로고스)을 말씀의 높임말로 생각하기 때문이다. 그래서 말씀에 순종하라는 것을 크게 부담을 갖는다. "어떻게 하나님의 모든 말씀씀에 순종할 수 있는가"에 대해서 생각한다. 이것은 말씀을 크게 오해하는 것이다. 일반적으로 사람들은 아버지께 순종한다. 그렇다고 해서 그것이 아버지의 모든 말씀을 지키고 따르는 것을 의미하지는 않는다. 그리스도인이 말씀에 순종한다는 것을 판단하는 것은 사람이 아니라 전지하신 절대 주권자 하나님이시라는 것을 명심해야 한다. 자기 자신이 아무리 말씀에 순종한다고 주장해도 하나님께서 그것을 인정하지 않으시면 아무런 소용이 없다. 예수께서도 이것을 말씀하고 계신다. 모두가 다 아는 성경 구절이라고 하더라도 겸손히 말씀을 읽고 깨닫자.

나더러 주여 주여 하는 자마다 천국에 다 들어갈 것이 아니요 다만 하늘에 계신 내 아버지의 뜻대로 행하는 자라야 들어가리라 22그 날에 많은 사람이 나더러 이르되 주여 주여 우리가 주의 이름으로 선지자 노릇하며 주의 이름으로 귀신을 쫓아 내며 주의 이름으로 많은 권능을 행치 아니하였나이까 하리니 23그 때에 내가 저희에게 밝히 말하되 내가 너희를 도무지 알지 못하니 불법을 행하는 자들아 내게서 떠나가라 하리라 (마 7:21-23)

우리의 주 되신 그리스도 예수께서 인정하지 않는 믿음은 아무 의미가 없다. 필자는 말씀에 순종하지 않는 자들이 사람의 열심으로 일을 하는 것을 '종교생활'이라고 정의定義한다. 종교인은 영생을 얻을 수 없다. 왜냐하면 영생은 조물주의 생명으로서 하나님 아버지의 자녀들에게 약속하신 하나님의 사랑이기 때문이다. 어떤 교회의 지도자들은 주일 예배 기도할 때 "하나님 아버지, 말씀에 불순종한 것을 용서하여 주시옵소서"라고 한다. 이것은 아마도 말씀﹍에 불순종했다는 의미로 사용하는 것 같다. 교회의 평신도 지도자인 안수집사나 장로라도 말씀(로고스)과 하나님의 말씀﹍을 구분하지 못하니 참으로 안타깝다. 말씀(로고스)에 불순종하는 것은 불신자를 의미하는 것이요, 곧 하나님의 원수라는 뜻이다. 말씀에 순종하지 않는 자들에 대해서 주께서 어떻게 경고하고 계시는지 상고﹙上考﹚해 보자.

 그러므로 누구든지 나의 이 말을 듣고 행하는 자는 그 집을 반석 위에 지은 지혜로운 사람 같으니 25비가 내리고 창수가 나고 바람이 불어 그 집에 부딪히되 무너지지 아니하나니 이는 주초를 반석 위에 놓은 연고요 26나의 이 말을 듣고 행치 아니하는 자는 그 집을 모래 위에 지은 어리석은 사람 같으니 27비가 내리고 창수가 나고 바람이 불어 그 집에 부딪히매 무너져 그 무너짐이 심하니라 (마 7:21-27)

 진리를 안다는 것을 비유로 말하자면 눈을 뜨고 세상을 보고 구별하는 것이고 진리를 알지 못한다는 것은 소경과 같아서 색깔에 대해서 말하자면 관념적으로만 알 뿐이지 실상을 알 수 없는 것과 같다. 세상에서 아무리 훌륭한 학식을 가졌어도 그저 많이 배운 소경일 뿐, 눈을 뜬 아이보다 빨간색에 대한 실상을 체험할 수 없고 알 수도 없다.
 말씀(로고스)은 하나님을 알 수 있는 통로이다. 말씀은 하나님의 뜻이 구현된 하나님의 본체시요, 하나님의 열심이시다. 예수 그리스도는 말씀(로고스)이 구현된 본체의 형상이시다. 예수 그리스도의 공생애는 아버지의 뜻을 성취하신 것이다. 그리고 하나님 아버지의 뜻은 영생이다(요 12:50). 하나님의 뜻은 사람의 이성으로 알 수 없고, 받을 수도 없으며 받지도 못한다. 하나님의 뜻은 오직 말씀으로 사람의 영에 임하시는 것이다.

그리스도인은 하나님은 영이시라는 것을 항상 기억해야 한다. 그러므로 하나님과 소통할 수 있는 방법도 영적이라야 가능하다. 우주보다 크시고, 영계보다 더 크신 하나님을 지극히 작은 사람의 뜻 안으로 끌어내리려고 하지 말고, 사람이 영원하신 하나님의 뜻 안으로 들어가야만 하나님을 알 수 있다.

하늘보다 크신 하나님께서는 사람 개인에 대한 계획이나 뜻을 가지고 계신 것이 아니라 하나님의 의義를 실현할 계획과 뜻만 가지고 계신다. 그것을 하나님의 경륜이라고 한다. 인간은 하나님의 경륜을 성취하는데 거룩하게 사용되는 의義의 도구일 뿐이다. 인본주의적 사상을 가진 어떤 이들은 사람을 도구화했다면서 매우 불쾌하게 생각할지 모르겠으나 하나님의 아들이신 예수 그리스도도 오직 하나님의 의義를 성취하시는 의義의 종으로 오셨다. 하나님의 의義는 하나님의 자존심이요, 하나님의 영광이다. 그래서 피조물인 인간이 하나님께 영광 돌릴 수 있는 방법은 하나님의 뜻意 안으로 들어가 말씀에 순종하는 것이다. 말씀에 순종하는 것은 말씀(로고스)이 사람의 혼을 깨고 영으로 들어온 후에 영이 혼(인격)을 설득할 때 가능한 것이다. 혼이 깨지는 것을 회심回心이라고 한다. 혼이 영을 사랑할 때 영의 일을 하게 되고 영적인 사람이 된다.

율법은 천사가 이스라엘에 전한 하나님의 말씀이다(행 7:53). 하나님의 말씀을 중재한 존재가 종인 천사라는 뜻이다. 그래서 성경은 율법을 종의 영이라고 말하고 있다(갈 4:15). 복음은 하나님의 아들이 전한 하나님의 말씀이다(요 1:17). 그래서 복음은 아들의 영, 혹은 양자의 영이라고 한다. 갈라디아서에서는 아들의 영이라고 기록되어 있고, 로마서에서는 양자의 영이라고 기록되어 있는데 이것은 사회적 배경이 다르기 때문이다.

로마의 황제는 대부분 양자(養子)가 상속했다. 이러한 배경하에서 바울이 로마사람들에게 하나님과 예수 그리스도의 관계를 설명할 때는 양자의 관계로 설명하는 것이 훨씬 좋은 방법이라고 생각했던 것 같다. 여하튼 하나님의 말씀은 영(靈)이라는 것이 아주 중요한 개념이다. 성경에는 하나님의 영, 아들의 영, 종의 영, 그리스도의 영, 성령, 주의 영 등이 나오고 있다. 여기서 말하는 영은 성령을 가리키는 것이 아니다. 성령은 성령이라고 분명하게 구분하여 기록하고 있다. 겸손하게 말씀을 상고하자.

무릇 하나님의 영으로 인도함을 받는 그들은 곧 하나님의 아들이라 [15] 너희는 다시 무서워하는 종의 영을 받지 아니하였고 양자의 영을 받았으므로 아바 아버지라 부르짖느니라 [16]성령이 친히 우리 영으로 더불어 우리가 하나님의 자녀인 것을 증거하시나니 [17]자녀이면 또한 후사 곧 하나님의 후사요 그리스도와 함께한 후사니 우리가 그와 함께 영광을 받기 위하여 고난도 함께 받아야 될 것이니라 (롬 8:14-17)

하나님의 영으로 인도받는 자들은 하나님의 아들이다. 하나님의 영에는 종의 영과 아들(양자)의 영이 있다. 예수 그리스도로 말미암아 구원받은 사람들은 더 이상 종의 영으로 인도받지 않고 양자의 영으로 인도받는다. 성령께서는 양자의 영으로 인도받는 자들의 영혼을 증거하신다. 요컨대 하나님의 영은 하나님의 말씀이요, 종의 영은 율법을, 아들의 영은 복음을 의미한다. 성령께서는 아들의 영, 곧 복음을 받은 자들을 위하여 증거하신다는 뜻이다.

진리에 무식한 사람이 말하기를(그의 직분은 목사이다) 하나님의 영, 아들의 영, 성령을 각각의 영으로 말하면서 세 영들의 하나님이라고 주장해서 삼신론으로 이단으로 정죄되었다.

> **살리는 것은 영이니 육은 무익하니라 내가 너희에게 이른 말이 영이요 생명이라 (요 6:63)**

영이신 하나님의 말씀은 사람의 영을 살린다. 사람의 영혼이 영생할 수 있는 것도 하나님의 말씀이 있어야만 가능한 것이다. 하나님의 말씀이 곧 믿음이다. 믿음을 소유하는 것과 하나님의 말씀을 소유하는 것은 그 과정과 방법이 동일한 것으로서 그것은 자기 신념을 꺾고 말씀에 순종하는 것이다. 말씀에 순종하는 동작을 '믿는다'라고 하고, 말씀에 순종하고 나면 말씀에 내 영에 임하는데 그것을 '믿음이 있다' 또는 '말씀이 있다'라고 한다. 영적인 사람은 하나님의 말씀을 소유한 사람이다. 영적인 사람만이 영적인 일을 할 수 있고, 하나님의 말씀을 소유하지 못한 사람은 종교생활을 열심히 할 뿐이다.

당신은 영적인 사람인가?

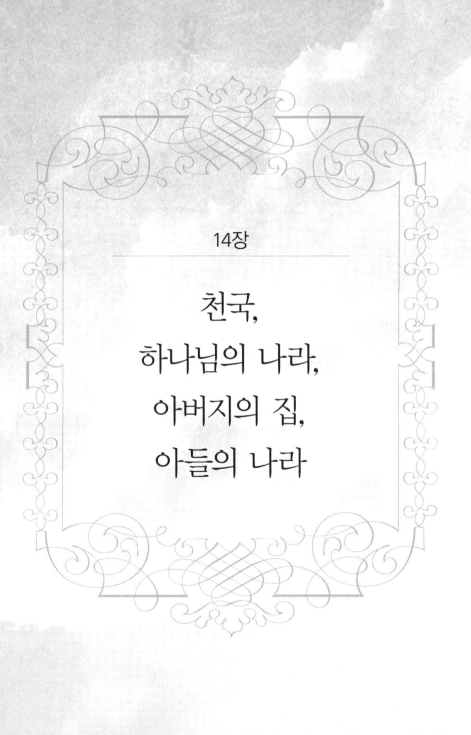

14장

천국,
하나님의 나라,
아버지의 집,
아들의 나라

§

    그리스도인들이 불신자를 전도할 때 흔히 사용하는 말이 "예수 믿고 천국 가세요"이다. 그러나 많은 그리스도인들이 천국이 어디에 있는지, 천국이 가까이 왔다는 것이 무엇을 의미하는지 정확하게 알지 못한다. 아버지의 집과 천국을 알지 못하고 아들의 나라를 알지 못함으로써 두리뭉실하게 말하고 있는 실정이다. 그리스도인들의 영혼이 가야 할 본향이며, 우리의 주 되신 그리스도 예수께 계신 하나님의 우편 보좌는 영광의 아들의 나라이다. 그곳은 성경에는 '하나님 아버지의 집'이라고도 기록되어 있다. 구약시대 솔로몬 성전은 하나님 아버지의 집의 모형이다. 천국은 하늘이다. 아직까지 이 개념들이 어려울 것이나 이 장章을 통해 겸손하게 배운다면 곧 잘 이해될 것이라 확신한다.

1 천국, 하나님의 나라

침례 요한이 말하기를 "회개하라, 천국이 가까이 왔느니라" 했다. 또한 예수 그리스도께서 말씀하시기를 "회개하라, 천국이 가까이 왔느니라" 했다. 예수께서 전도하라고 제자들을 보내셨는데 그들에게 "가면서 전파하여 말하되 천국이 가까웠다 하고"라고 말씀하셨다(마 10:7). 이와 같이 천국은 이 땅에 임하는 것이다. 또한 하나님의 나라도 이 땅에 임한다고 기록하고 있다.

> 그러나 내가 만일 하나님의 손을 힘입어 귀신을 쫓아내는 것이면 하나님의 나라가 이미 너희에게 임하였느니라 (눅 11:20)
> 그러나 내가 하나님의 성령을 힘입어 귀신을 쫓아내는 것이면 하나님의 나라가 이미 너희에게 임하였느니라 (마 12:28)

요컨대 천국과 하나님의 나라는 이 땅에 임하는 것이다. 그러나 아버지의 집과 영광의 아들의 나라는 그리스도인들이 가야 할 본향이요, 이 땅에 임하는 것이 아니다.

침례 요한이 외친 "천국이 가까이 왔다"라는 것은 예수 그리스도를 말씀하신 것이요, 예수께서 말씀하신 "천국이 가까이 왔다"라는 것은 오순절 마가 다락방에 있는 백이십 명의 성도들의 영혼에 임하신 성령님을 가리켜 말씀하신 것이다. 하늘, 천국, 하나님의 나라는 같은 개념이다. 이제부터 영원 전부터 계신 자존하시는 하나님에 대해서 알아보도록 하자. 앞에서 언급한 부분이 있지만 다시 한번 꼼꼼하게 읽어주기를 부탁한다.

'영원'이라는 때는 영계가 창조된 때를 말한다. 영계는 자존하는 세계가 아니라 하나님에 의해서 피조된 세계이다. '자존'이라는 뜻은 영계가 창조되기 이전부터 존재한다는 뜻이다. 하나님만이 자존하시는 유일하신 분이시며, 홀로 계시는 유일하신 분이시다. 영원 전에는 오직 영이신 하나님만이 계셨다. 영계는 하나님 밖에 새로운 세계가 아니라 하나님 안에 창조된 피조계이다. 하늘은 인간들이 눈을 들어 볼 수 있는 허공을 말하는 것이 아니라 하나님을 가리켜 말하는 것이다.

> 무리를 명하여 잔디 위에 앉히시고 떡 다섯 개와 물고기 두 마리를 가지사 하늘을 우러러 축사하시고 떡을 떼어 제자들에게 주시매 제자들이 무리에게 주니 (마 14:19)

예수께서 오병이어의 이적을 행하실 때의 모습인데 여기서 예수께서 "하늘을 우러러" 축사하셨다. '하늘'이라고 번역된 헬라어 οὐρανός우라노스는 허공을 의미하는 것이 아니라 '천국'을 의미한다. 다시 말하면 하나님 아버지께 기도했다는 의미이다. 예수께서는 종종 하늘을 우러러보시고 기도하셨는데 이것을 새가 날아다니는 하늘이나 별들이 있는 하늘, 곧 허공을 바라보시고 기도하신 것이 아니라 하나님 아버지께 직접 기도하신 것이다.

예수께서 이 말씀을 하시고 눈을 들어 하늘을 우러러 가라사대 아버지여 때가 이르렀사오니 아들을 영화롭게 하사 아들로 아버지를 영화롭게 하게 하옵소서 (요 17:1)

예수께서는 영원 전부터 하나님과 함께 계신 하나님의 아들이시다. 영원 전에 하나님께서는 하늘이시며 영이시다. 그 위에 영계를 창조하신 것이다. 성경은 영원 전부터 계신 하나님께서 이 땅에 오신 것을 "천국이 임했다"라고 기록하고 있는 것이다. 천국은 가장 큰 개념의 하늘로써 아버지의 집 또는 아들의 나라도 '천국'에 포함되기 때문에 "예수 믿고 천국 가세요"라는 말이 크게 틀린 말은 아니지만 "천국이 임한다"라는 말씀과 충돌하게 되어 자칫 인간이 숨 쉬고 있는 이 땅이 그리스도인들이 장차 가야 할 본향이라고 오해하게 될 위험이 있다.

천국(하늘)이 임한다는 뜻은 성자 하나님이 임하셨고, 성령 하나님의 임하심을 뜻하는 것이고, 우리의 영혼이 천국에 간다는 뜻은 하늘에 있는 아버지의 집 또는 아들의 나라로 간다는 뜻이다. "아버지의 집"이라고 하고 "아들의 나라"라고도 하는 곳은 하늘 안에 있는 피조계이다. 그러나 하늘 자체는 영원 전부터 계신 영이신 하나님이시다. 요컨대 말씀이 육신이 되어 오신 예수 그리스도는 영원 전부터 계신 하나님의 나라가 임하신 것이요, 성령 하나님께서 성도들의 영혼에 임하신 것도 영원 전부터 계신 하나님의 나라가 이 땅에 임한 것이다.

2 아버지의 집, 아들의 나라

> 너희는 마음에 근심하지 말라 하나님을 믿으니 또 나를 믿으라 ²내 아버지 집에 거할 곳이 많도다 그렇지 않으면 너희에게 일렀으리라 내가 너희를 위하여 처소를 예비하러 가노니 ³가서 너희를 위하여 처소를 예비하면 내가 다시 와서 너희를 내게로 영접하여 나 있는 곳에 너희도 있게 하리라 (요 14:1-3)
>
> 그가 우리를 흑암의 권세에서 건져내사 그의 사랑의 아들의 나라로 옮기셨으니 ¹⁴그 아들 안에서 우리가 구속 곧 죄 사함을 얻었도다 ¹⁵그는 보이지 아니하시는 하나님의 형상이요 모든 창조물보다 먼저 나신 자니 ¹⁶만물이 그에게 창조되되 하늘과 땅에서 보이는 것들과 보이지 않는 것들과 혹은 보좌들이나 주관들이나 정사들이나 권세들이나 만물이 다 그로 말미암고 그를 위하여 창조되었고 ¹⁷또한 그가 만물보다 먼저 계시고 만물이 그 안에 함께 섰느니라 (골 1:13-17)

예수께서 십자가에서 죽으시고, 부활하시고 승천하셔서 계신 곳은 하나님 아버지의 집이다. 그곳은 영원 전에 하나님께서 그의 사랑하시는 자를 위하여 예비하실 곳으로 정하신 하나님의 우편 보좌이다. 하나님께서는 아버지의 집을 아들에게 상속하셔서 영광의 아들의 나라가 되게 하셨다. 하나님께서는 아들에게 아버지 집에서 천사들에게 섬김을 받는 모든 권세를 주셨다(마 28:14). 영광의 아들의 나라의 주인은 그리스도 예수이시다. 그러므로 그리스도인들이 아들의 나라로 들어가려면 반드시 천국의 주인인 하나님의 아들의 초청을 받아야만 한다. 영광의 아들의 나라는 하나님의 영광이 충만한 곳이며, 하나님의 아들이 피조물인 천사들의 섬김을 받는 곳이다.

> **하나님께서는 영이시니 예배하는 자가 신령과 진정으로 예배할지니라** (요 4:24)

'예배'라고 번역된 헬라어 '$προσκυνέω$프로스퀴네오'는 '$προς$프로스, ~향하여'와 '$κυνέω$퀴네오, 입맞추다'라는 뜻의 합성어로써 예배란 하나님께 입맞추는 현장이다. 그 외에도 '경례하다', '봉사하다', '얼굴을 본다'라는 뜻도 가지고 있다. 아들의 나라에서 모든 피조물들은 그리스도 예수께 영원히 예배해야 한다. 어떤 이들은 이러한 예배를 지겨워할 수도 있겠으나 그런 사람들은 아들의 나라에 결단코 들어갈 수 없을 것이다. 영원 전부터 하나님과 함께 계신 아들께서 피조물의 형체를 입고 십자가에서 피 흘려 죽으신 것은 하나님 아버지께서 아들에게 상속한 나라를 유업으로 받고 거기서 영원히 피조물들의 섬김을 받으시려는 하나님의 뜻이다.

신천지 사이비 종교에서는 이 땅에서 천국이 이루어진다고 많은 이들을 속이지만 성경은 밝히 말씀하시기를 혈과 육은 절대로 하나님의 나라를 유업으로 받을 수 없다. 이 땅에서 나온 육체는 반드시 땅으로 돌아가는 것이 하나님의 의義요, 영계에서 창조된 영은 영광의 아들의 나라로 돌아가는 것이 하나님의 의義다. 영계에서 창조된 영이 아들의 나라로 가지 못하는 것은 불의不義다. 의義란 본래 나온 곳으로 돌아가는 것이다.

> **형제들아** 내가 이것을 말하노니 혈과 육은 하나님 나라를 유업으로 받을 수 없고 또한 썩은 것은 썩지 아니한 것을 유업으로 받지 못하느니라 (고전 15:50)
>
> **본래** 하나님을 본 사람이 없으되 아버지 품속에 있는 독생하신 하나님이 나타내셨느니라 (요 1: 18)
>
> **의에** 대하여라 함은 내가 아버지께로 가니 너희가 다시 나를 보지 못함이요 (요 16:10)

그리스도인들의 영혼이 가야 할 천국은 예수 그리스도에게 상속한 하나님 아버지의 집이요, 영광의 아들의 나라이다. 그곳은 인간들의 상상이나 철학 속에 있는 곳도 아니요, 우주 어디인가에 있는 곳도 아니다. 우주는 학명學名이고, 영적으로는 음부라고 하는 공간이다. 성도들이 가야 할 아들의 나라는 눈에 보이는 우주가 아니라 우주 밖에 있는 영계이다. 인간은 혈과 육을 가지고 우주 안에 살고 있다. 그러나 아들의 나라는 혈과 육을 가지고는 들어갈 수 없는 영계라는 것을 다시 한번 강조하고자 한다. 예수 믿고 천국 가는 것은 관념이나 신념이 아니라 장차 일어날 실상이다.

이러한 사실은 기독교의 교리로써 주장하자는 것도 아니요, 포교하는 도구로써 허위를 주장하는 것도 아니다. 하나님의 아들이신 그리스도 예수께서 친히 약속하신 말씀이다. 그의 말씀은 자의로 말하지 않으시고 하나님 아버지께서 알려주신 말씀을 그대로 말하셨으니 그의 말씀은 영생이다(요 12:50). 아버지의 집은 예수 그리스도의 보혈로 구속_{救贖}함을 입은 그리스도인들의 영혼이 가야 할 본향이요, 소망이다. 하나님 아버지의 집은 본래 하나님이 가장 사랑하시는 그리스도 예수에게만 허락된 영광의 나라였으나 티끌만도 못한 인간에게도 베푸신 하나님의 무한하신 사랑이다.

　하늘(천국)은 하나님이시요, 영계는 하늘안에 있는 영들이 사는 공간이며 우주는 물질계로써 하나님 안에 있는 허공이다. 피조계가 있기 전에 유일하게 하나님만이 계셨으므로 모든 피조물은 하나님안에 있는 것이다. 전능하신 하나님께서는 과연 무소부재 하시다.

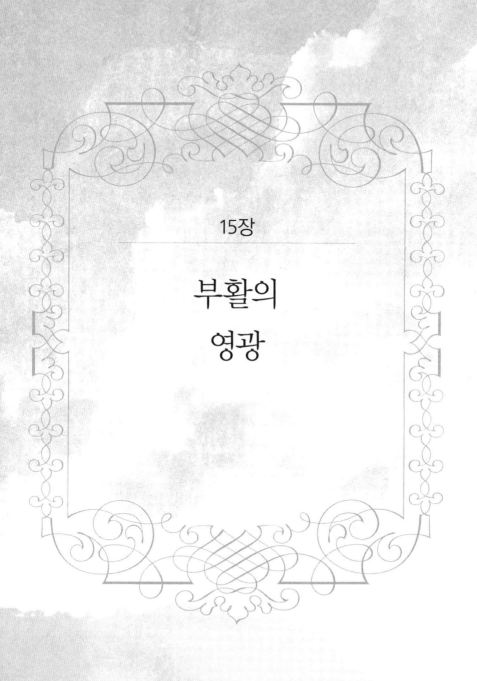

15장

부활의
영광

§

부활은 그리스도인의 참 소망이다. 그러나 오늘날 부활을 크게 오해하여 많은 이단들과 사이비似而非 종교가 나타나고 있고, 예수 그리스도의 피로 산 영혼들조차 어리석게 사이비 종교에 미혹되고 있다. 필자는 하나님을 아는 지식이 없어 망한다는 성경을 응하게 함을 보고 놀라지 않을 수 없다. 하나님의 뜻과 섭리는 성경 말씀에 너무나 명확하게 기록되어 있음에도 불구하고 사람들이 자기의 신념을 너무 맹신한 나머지 말씀을 보지 않으며 성경을 보지 않기 때문에 믿음을 가질 수도 없다. 그 결과 미혹하는 뱀의 혀같이 놀리는 자의 말에 자기 영혼을 맡기는 어리석은 행동을 하게 되는 것이다.

> **형제들아 내가 이것을 말하노니 혈과 육은 하나님 나라를 유업으로 받을 수 없고 또한 썩은 것은 썩지 아니한 것을 유업으로 받지 못하느니라**
> (고전 15:50)

성도들의 부활은 육체가 하는 것이 아니라 영이 신령한 몸으로 변화하여 혼이 신령한 몸과 함께하는 것이다. 그러므로 부활은 육체를 필요로 하지 않는다. 신천지 사이비 집단은 하늘에 있는 영들이 이 땅에 있는 육체와 합한다는 이른바 신인합일설神人合一說을 주장하고 있으나 이것은 진리에 무식하여 자기의 영혼을 담보로 거짓말하는 거짓 선지자의 영이 충만한 주장일 뿐이다. 필자가 앞에서 주장한 바와 같이 우리 영혼이 가야 할 아버지의 집은 예수 그리스도께서 그의 사랑하는 성도들을 위하여 예비하고 계신 처소이다. 예수께서 재림하시는 것은 이 땅에서 영원히 사시고자 하는 것이 아니라 믿음으로 거룩해진 성도들을 데려가시고자 함이다. 우주는 마귀와 그의 사자들을 위하여 예비된 음부이다.

너희는 마음에 근심하지 말라 하나님을 믿으니 또 나를 믿으라 ²내 아버지 집에 거할 곳이 많도다 그렇지 않으면 너희에게 일렀으리라 내가 너희를 위하여 처소를 예비하러 가노니 ³가서 너희를 위하여 처소를 예비하면 내가 다시 와서 너희를 내게로 영접하여 나 있는 곳에 너희도 있게 하리라 (요 14:1-3)

또 왼편에 있는 자들에게 이르시되 저주를 받은 자들아 나를 떠나 마귀와 그 사자들을 위하여 예비된 영영한 불에 들어가라 (마 25:41)

주의 약속은 어떤 이의 더디다고 생각하는 것같이 더딘 것이 아니라 오직 너희를 대하여 오래 참으사 아무도 멸망치 않고 다 회개하기에 이르기를 원하시느니라 ¹⁰그러나 주의 날이 도적같이 오리니 그 날에는 하늘이 큰 소리로 떠나가고 체질이 뜨거운 불에 풀어지고 땅과 그 중에 있는 모든 일이 드러나리로다 (벧후 3:9-10)

'하늘'이라고 번역된 헬라어 '호이 우라노이οἱ οὐρανοί'는 '하늘'의 복수형으로써 '그 하늘들'이라는 뜻이다. 여기서 '그 하늘들'은 새들이 날아다니는 하늘과 별들이 떠 있는 우주를 가리키는 것이다. 창세기 1장 1절에 "태초에 하나님이 천지를 창조하시니라"라고 기록되어 있는데 여기서 '하늘'은 히브리어로 샤마임שָׁמַיִם인데 이 단어도 복수형이다. 그래서 정확하게 번역하자면 "태초에 하나님이 그 하늘들과 그 땅을 창조하셨다"이다. 이와 같이 그 하늘들 위에 있는 하늘이 우리가 가야할 영광스러운 아들의 나라, 곧 천국이다.

> 누가 능히 하나님을 위하여 전을 건축하리요 하늘과 하늘들의 하늘이라도 주를 용납지 못하겠거든 내가 누구관대 어찌 능히 위하여 전을 건축하리요 그 앞에 분향하려 할 따름이니이다 (대하 2:6)
> 무익하나마 내가 부득불 자랑하노니 주의 환상과 계시를 말하리라 ²내가 그리스도 안에 있는 한 사람을 아노니 십사 년 전에 그가 셋째 하늘에 이끌려 간 자라 (그가 몸 안에 있었는지 몸 밖에 있었는지 나는 모르거니와 하나님께서는 아시느니라) (고후 12:1-2)

성경은 이와 같이 세 번째 하늘을 말하고 있다. 첫 번째 하늘은 새들이 날아다니는 하늘이요, 두 번째 하늘은 별들이 떠 있는 하늘, 곧 궁창이요, 세 번째 하늘은 하나님의 거룩한 천사들이 살고 있으며, 하나님의 우편 보좌가 있는 영광의 아들의 나라, 곧 하나님 아버지 집이 있는 곳이다. 본말로 돌아가면 예수께서 재림하시면 하늘(들)이 떠나간다고 분명히 기록하고 있다. '체질'이라고 번역된 헬라어 스토이케이아 στοιχεῖα는 '원소'라는 뜻으로 물질계(우주) 안에 있는 모든 원소가 불에 풀어져 없어진다고 말씀하고 있다.

그리스도 예수께서 부활하신 후 하늘로 승천하신 것처럼 신령한 몸으로 부활한 성도들도 영광의 아들로 들어갈 것이다. 사도 바울이 증언하는 부활에 대해 살펴보도록 하자.

그리스도께서 죽은 자 가운데서 다시 살아나셨다 전파되었거늘 너희 중에서 어떤 이들은 어찌하여 죽은 자 가운데서 부활이 없다 하느냐 ¹³ 만일 죽은 자의 부활이 없으면 그리스도도 다시 살지 못하셨으리라 (고전 15:12-13)

하나님이 그 뜻대로 저에게 형체를 주시되 각 종자에게 그 형체를 주시느니라 ³⁹육체는 다 같은 육체가 아니니 하나는 사람의 육체요 하나는 짐승의 육체요 하나는 새의 육체요 하나는 물고기의 육체라 ⁴⁰하늘에 속한 형체도 있고 땅에 속한 형체도 있으나 하늘에 속한 자의 영광이 따로 있고 땅에 속한 자의 영광이 따로 있으니 ⁴¹해의 영광도 다르며 달의 영광도 다르며 별의 영광도 다른데 별과 별의 영광이 다르도다 ⁴²죽은 자의 부활도 이와 같으니 썩을 것으로 심고 썩지 아니할 것으로 다시 살며 ⁴³욕된 것으로 심고 영광스러운 것으로 다시 살며 약한 것으로 심고 강한 것으로 다시 살며 ⁴⁴육의 몸으로 심고 신령한 몸으로 다시 사나니 육의 몸이 있은즉 또 신령한 몸이 있느니라 ⁴⁵기록된바 첫 사람 아담은 산 영이 되었다 함과 같이 마지막 아담은 살려 주는 영이 되었나니 ⁴⁶그러나 먼저는 신령한 자가 아니요 육 있는 자요 그 다음에 신령한 자니라 ⁴⁷첫 사람은 땅에서 났으니 흙에 속한 자이거니와 둘째 사람은 하늘에서 나셨느니라 ⁴⁸무릇 흙에 속한 자는 저 흙에 속한 자들과 같고 무릇 하늘에 속한 자는 저 하늘에 속한 자들과 같으니 ⁴⁹우리가 흙에 속한 자의 형상을 입은 것 같이 또한 하늘에 속한 자의 형상을 입으리라 ⁵⁰형제들아 내가 이것을 말하노니 혈과 육은 하나님 나라를 유업으로 받을 수 없고 또한 썩은 것은 썩지 아니한 것을 유업으로 받지 못하느니라 ⁵¹보라 내가 너희에게 비밀을 말하노니 우리가 다 잠잘 것이 아니요 마지막 나팔

어머니의 태_胎에서 태어난 몸은 정욕의 몸이지만 부활할 때의 몸은 땅에 속하지 않은 신령한 몸이다. 이것은 정욕의 몸이 새롭게 신령한 몸으로 변한다는 뜻이 아니라 항구적인 사람의 영이 썩지 않을 신령한 몸으로 변한다는 뜻이다. 믿음의 그리스도인들이 부활할 때 영광의 몸으로 부활한다는 말씀에 주목해야 한다. 다시 말하면 부활한 몸이 다 같은 것이 아니라 해 같은 영광, 달 같은 영광, 별 같은 영광처럼 모두 다르다는 것이다. 여기서 말하는 영광은 명예를 말하는 것이 아니라 빛을 말하는 것이다. 하나님의 말씀은 빛이요, 생명이다.

태초에 말씀이 계시니라 이 말씀이 하나님과 함께 계셨으니 이 말씀은 곧 하나님이시니라 ²그가 태초에 하나님과 함께 계셨고 ³만물이 그로 말미암아 지은바 되었으니 지은 것이 하나도 그가 없이는 된 것이 없느니라 ⁴그 안에 생명이 있었으니 이 생명은 사람들의 빛이라 (요 1:1-4)

영광_{榮光}은 영원 전부터 하나님께서 가지고 계신 하나님의 고유한 빛이다. 말씀은 영광이요, 생명이다. 부활한 성도들의 몸은 영광이 있는데 그 분량, 말하자면 부활 때 성도들의 몸에서 나오는 빛의 밝기가 모두 다르다는 뜻이다. 어떤 사람의 신령한 몸에서는 해와 같이 밝은 빛이 나고, 또 어떤 이의 신령한 몸에서는 반딧불과 같은 희미한 빛이 날 것이다. 부활 때의 몸의 영광은 하나님의 말씀이 결정하는 것이다. 이 땅에서 육체를 가지고 신앙생활 할 때, 하나님의 말씀에 순종하여 자기의 영혼에 그 말씀을 많이 모신 사람은 그 영이 부활할 때 영광이 해 같이 빛날 것이요, 부활에 참예했다고 하더라도 신앙생활 할 때 말씀에 적게 순종한 사람의 부활한 몸의 영광은 그저 그럴 것이다.

한 번 부활한 후에는 영원히 그 영광이 바뀌지 않고 확정될 것이지만 지금 호흡하고 있는 모든 그리스도인에게는 아직은 자기의 부활할 몸의 영광을 바꿀 수 있는 기회가 있다. 기회는 사람이었을 때 있는 것이다. 다시 말하면 영, 혼, 육이 있을 때 기회가 있는 것이지 육체가 깨어지거나 예수께서 재림하시는 때에는 기회가 전무全無해진다. 종말은 예수 그리스도의 재림을 말하지만 사람의 육체가 죽는 것도 종말이다. 지금이 은혜받을 만한 때요, 구원의 날이다. 예수께서 말씀하시는 천국에 대한 비유를 보자.

미련한 자들이 슬기 있는 자들에게 이르되 우리 등불이 꺼져가니 너희 기름을 좀 나눠 달라 하거늘 9슬기 있는 자들이 대답하여 가로되 우리와 너희의 쓰기에 다 부족할까 하노니 차라리 파는 자들에게 가서 너희 쓸 것을 사라 하니 10저희가 사러 간 동안에 신랑이 오므로 예비하였던 자들은 함께 혼인 잔치에 들어가고 문은 닫힌지라 11그 후에 남은 처녀들이 와서 가로되 주여 주여 우리에게 열어 주소서 12대답하여 가로되 진실로 너희에게 이르노니 내가 너희를 알지 못하노라 하였느니라 (마 25:8-12)

천국은 믿음으로 예비하는 자들이 들어갈 수 있는 하나님의 복이 충만한 곳이다. 한 번 닫힌 문은 다시는 열리지 않는 것처럼 한 번 지나간 기회는 다시는 오지 않는다. 마치 주께서 열매를 구하는 무화과가 예비하고 있지 않다가 주께서 지나가자 곧 말라 죽는 것과 같은 이치다. 주님이 재림하지 않는 것은 더디 오시는 것이 아니라 나에게 기회를 주시는 것이고, 당신에게 기회를 주는 것이며 우리 모두에게 기회를 주시는 것이다. 당신은 부활에 참예할 수 있으며, 당신의 부활한 몸은 해와 같은 영광이라고 확신할 수 있는가?

필자는 끊임없이 말씀(로고스)에 순종해야 한다고 주장한다. 교리도 중요하지만 말씀에 순종해야 능력도 있고 기도도 상달된다. 기도는 정성으로 하는 것이 아니라 믿음으로 하는 것이다. 기도가 상달되지 않는 이유가 말씀에 순종하지 않기 때문이다(요 15:7). 신령한 그리스도인들은 하나님께 정성을 드리는 것이 아니라 믿음을 드려 하나님을 기쁘시게 하는 것이다. 예수 그리스도께서 하나님 아버지의 말씀에 순종함으로써 하나님의 기뻐하시는 자가 되었다(마 3:17).

육체를 가지고 있는 지금이 자기의 영혼이 가질 영광을 결정할 수 있는 기회이다. 그러므로 영혼을 너무 중요하게 생각한 나머지 육체를 불필요하며 무가치한 것으로 여기는 것은 잘못된 것이다. 초기 기독교 이단인 영지주의자들은 신플라톤주의 영향을 받아서 그들의 사상은 보이지 않는 영혼을 선한 것으로 생각하고 육체 혹은 물질을 악과 동일시했다. 오늘날 영적 생활을 한다고 하는 사람들이 이런 생각을 하는 것은 매우 위험한 신앙생활을 하고 있는 것이다. 육체는 영혼을 위한 기회를 실현하는 중요한 기능을 하지만 본질은 영혼을 위한 것이다. 육체가 깨어진 영혼은 다시는 기회를 얻지 못하는 것에 대해 예수께서 말씀하신다.

이에 그 거지가 죽어 천사들에게 받들려 아브라함의 품에 들어가고 부자도 죽어 장사되매 ²³저가 음부에서 고통 중에 눈을 들어 멀리 아브라함과 그의 품에 있는 나사로를 보고 ²⁴불러 가로되 아버지 아브라함이여 나를 긍휼히 여기사 나사로를 보내어 그 손가락 끝에 물을 찍어 내 혀를 서늘하게 하소서 내가 이 불꽃 가운데서 고민하나이다 ²⁵아브라함이 가로되 얘 너는 살았을 때에 네 좋은 것을 받았고 나사로는 고난을 받았으니 이것을 기억하라 이제 저는 여기서 위로를 받고 너는 고민을 받느니라 ²⁶이뿐 아니라 너희와 우리 사이에 큰 구렁이 끼어 있어 여기서 너희에게 건너가고자 하되 할 수 없고 거기서 우리에게 건너올 수도 없게 하였느니라 (눅 16:22-26)

그리스도인은 자기의 육체를 쳐서 의義의 병기로 하나님께 드려야 하는데 자기의 육체를 칠 수 있는 것은 자기의 영혼을 사랑해야만 가능한 것이다. 자기의 영혼을 사랑하듯이 이웃의 영혼을 사랑하는 것이 전도이다. 전도는 이웃에게 실천할 수 있는 최고의 사랑이다. 전도는 이웃이 자기의 죄 가운데에서 죽지 않도록 죄를 사하는 것으로써 주님의 명령이다(요 20:23). 주님의 명령은 영광이요, 하나님의 자존심이다. 주님의 명령을 영혼에 받아 순종한 자들의 부활한 몸은 해 같은 영광으로 빛날 것이다. 부활때에는 말씀에 순종하지 못하여 별과 같은 영광을 가진 자들이 해 같은 영광을 가진 자들을 보면서 부러워하지만 결단코 다시는 기회가 없을 것이다. 어떤 이들은 천국은 모두가 평등할 것이라고 주장하지만 주님은 달란트 비유에서도 말씀하시는 것처럼, 또한 사도바울이 고린도교회에 보내는 편지에서 밝히는 것처럼 부활 때에는 모두가 받을 영광이 각각 다르다. 받을 상도 각각 다르다.

> **만일** 누구든지 금이나 은이나 보석이나 나무나 풀이나 짚으로 이 터 위에 세우면 13각각 공력이 나타날 터인데 그 날이 공력을 밝히리니 이는 불로 나타내고 그 불이 각 사람의 공력이 어떠한 것을 시험할 것임이니라 14만일 누구든지 그 위에 세운 공력이 그대로 있으면 상을 받고 15 누구든지 공력이 불타면 해를 받으리니 그러나 자기는 구원을 얻되 불 가운데서 얻은 것 같으리라 (고전 3:12-15)

어떤 이는 금으로 상을 받고, 다른 이는 은으로 받으며 또 다른 사람은 불 가운데서 구원을 얻는 것과 같이 영혼만 간신히 구원받을 자도 있다. 영생은 상으로 받는 하나님의 생명이다.

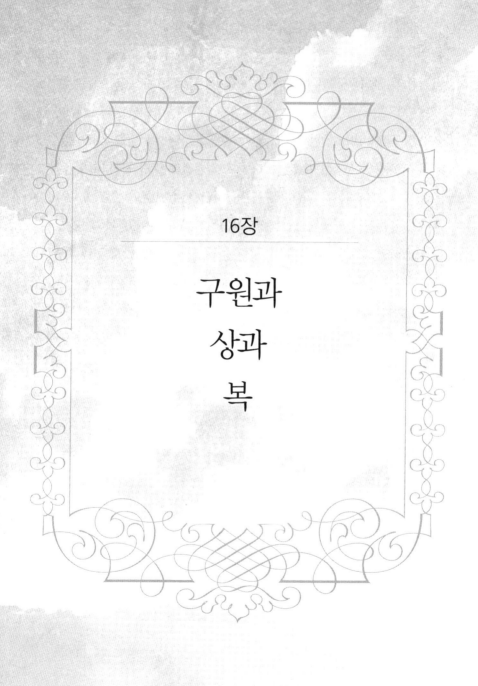

16장

구원과

상과

복

§

    성경은 구원과 상과 복을 말하고 있다. 그럼에도 불구하고 오늘날 그리스도인들은 이러한 개념들을 무시하면서 자기들이 원하는 대로 관념적으로 생각하면서 혼합적으로 복과 구원과 상이라는 말을 사용하는 걸 자주 본다. 성경은 '구원받았다'라고 하면서 '구원받으라'라고도 하며, '구원받으리라'라고도 한다. 구원을 이해하지 못하는 사람들이 마치 이것을 언어적 유희처럼 생각하는 사람들이 많이 있는 것 같다. 기독교의 핵심적인 믿음을 가장 먼저 기술하려고 했으나 끝까지 인내하면서 이 책을 읽는 독자들에게 주는 선물이라고 생각하여 마지막에 기술하였다.

    어떤 이들은 구원과 상과 복을 혼돈하여 복을 구하지만 어떻게 복을 받는지 알지 못하고 신념을 따라 신비주의적으로 구하기도 한다. 구원은 예수 그리스도의 공로로 받고, 상賞은 사람의 공로로 받으며, 복福은 하나님 아버지의 고유한 권한에 두신 것으로써 영원 전부터 하나님의 소유이다. 복은 하나님 아버지께서 진리와 하신 약속이기 때문에 진리에 순종하는 자들이 상賞으로 받는 것이다.

1 구원

구원은 오직 예수 그리스도의 은혜로만 받는 것이다. 다시 말하면 구원은 백 퍼센트 예수 그리스도의 보혈의 공로이다. 예수 그리스도 이외의 다른 공로로 구원을 얻는다고 말하면 그것은 이단적異端的이다. 예를 들면 십일조를 해야 구원받는다든지, 전도해야 구원받는다든지 말하면 이것은 큰 잘못이다. '구원받았다'라는 의미는 과거 아담의 원죄에서 벗어났다는 뜻이다. 말하자면 아담이 선악과 계명을 불순종하기 이전의 상태로 회복된다는 것이다. 죄의 결과는 하나님과의 관계가 단절되는 것이다. '죄'로 번역된 히브리어 '하타트ㅋㅋㅋ'는 '과녁에서 벗어나다', '길을 잃어버리다'라는 의미의 히브리어 동사 '하타ㅋㅋ'에서 파생된 단어이다.

아담이 하나님의 선악과 계명에 불순종한 것은 죄의 결과로 인간은 하나님과 원수가 되었고, 하나님과 관계가 단절되어 하나님으로부터 오는 생명도 차단되어 인간의 영혼은 죽게 되었다. 인간의 육체는 식물을 먹어야 살고, 영혼은 하나님의 입에서 나오는 말씀으로 살도록 지음 받은 것인데 인간의 영혼이 더 이상 하나님의 말씀을 받지 못함으로써 영원히 죽을 존재가 된 것이다.

구약에서는 '여호와'라는 하나님의 이름을 가진 천사가 하나님의 권위로써 사람들에게 나타났다. 모세가 시내산에서 만난 하나님께서는 여호와의 천사이다. 스데반 집사가 이것을 증언證言하다가 유대인에게 돌에 맞아 순교했다. 유대인들은 자기들의 조상들이 하나님을 만나서 그와 언약을 체결하고 하나님의 백성이 되었다고 믿고 있었기 때문에 천사가 자기들이 가지고 있는 율법을 전해주었다는 증언을 참지 못하고 주의 종 스데반 집사를 죽였다. 마치 하나님의 아들 예수 그리스도를 죽인 것처럼….

> **모세가** 이 말을 인하여 도주하여 미디안 땅에서 나그네 되어 거기서 아들 둘을 낳으니라 ³⁰사십 년이 차매 천사가 시내산 광야 가시나무떨기 불꽃 가운데서 그에게 보이거늘 ³¹모세가 이 광경을 보고 기이히 여겨 알아보려고 가까이 가니 주의 소리 있어 ³²나는 네 조상의 하나님 즉 아브라함과 이삭과 야곱의 하나님이로라 하신대 모세가 무서워 감히 알아보지 못하더라 ³³주께서 가라사대 네 발의 신을 벗으라 너 섰는 곳은 거룩한 땅이니라 (행 7:29-33)
>
> **저희** 말이 누가 너를 관원과 재판장으로 세웠느냐 하며 거절하던 그 모세를 하나님께서는 가시나무떨기 가운데서 보이던 천사의 손을 의탁하여 관원과 속량하는 자로 보내셨으니 ³⁶이 사람이 백성을 인도하여 나오게 하고 애굽과 홍해와 광야에서 사십 년간 기사와 표적을 행하였느니라 (행 7:35-36)
>
> **너희가** 천사의 전한 율법을 받고도 지키지 아니하였도다 하니라 (행 7:53)

이 모든 것이 인간이 하나님께 범죄한 결과 때문에 발생한 일이다. 예수 그리스도의 피로 구원받기 이전의 사람들은 아담부터 영이 이미 죽었기 때문에 영적인 진리를 들을 수 없다. 그래서 하나님께서는 다만 육체의 예법으로써 율법을 주시고 예수 그리스도께서 오실 때까지 하나님의 말씀으로 양육하신 것이다. 진리이신 예수 그리스도께서 유대인들에게 가르치실 때 비유로써 가르치신 이유도 사람들이 영의 말씀을 들을 수 없었기 때문이다. 예수 그리스도께서 영광 받으시고 진리의 성령께서 오신 후에야 비로소 사람들은 진리를 깨닫기 시작했고 하나님의 말씀을 듣게 되었으니 예수 그리스도의 십자가의 공로로 말미암은 것이다. 성령님은 과연 진리의 영이시다. 예수 그리스도께서 자기 피를 하나님께 드림으로써 인간의 원죄를 해결하신 것이다.

인간의 원죄는 인간 스스로는 절대로 해결할 수 없고 오직 하나님의 아들이 오셔야만 해결할 수 있는 것이다. 혹자는 그럼 천사가 십자가에서 죽으면 되지 않겠는가 생각할 수 있겠으나 천사는 피를 흘릴 수 없는 존재이다. 예수 그리스도께서 흘리신 피는 마리아로부터 받은 사람의 피가 아니라 영원 전부터 가지고 계신 하나님의 피다. 그리고 피에는 생명이 있으므로 하나님의 아들의 생명을 피조물인 인간을 위해 하나님께 드린 것이다.

또 그가 피 뿌린 옷을 입었는데 그 이름은 하나님의 말씀이라 칭하더라 (계 19:13)

너희는 자기를 위하여 또는 온 양떼를 위하여 삼가라 성령이 저들 가운데 너희로 감독자를 삼고 하나님이 자기 피로 사신 교회를 치게 하셨느니라 (행 20:28)

교회는 하나님께서 자기 피로 사신 예수의 몸이다(엡 1:23). 천사는 구약시대 간혹 사람의 형상으로 나타나서 음식을 먹기도 했으나 천사는 피를 가지고 있지 않다(창 18:1-8). 오직 하나님만이 유일하게 피를 가지고 계시는 신神이다. 하나님께서는 영이시다. 영은 본래 비물질이며, 무형성이다. 그러나 하나님만이 유일하시게 영원 전부터 피를 가지고 계셨고 그 피를 가지고 계신 하나님은 말씀(로고스)이다. 그러므로 예수 그리스도의 구속救贖은 조물주의 생명을 드려서 피조물인 인간의 생명을 얻은 것이다. 믿음으로 구원을 받은 그리스도인은 말씀에 순종해야 한다. 하나님의 명령은 영생이다(요 12:50).

구원이라는 뜻은 과거 아담의 죄와 그 결과인 사망이 더 이상 인간을 주관하지 못한다는 뜻이다. 그럼에도 불구하고 여전히 하나님의 말씀에 불순종한다면 아담이 죽었던 것처럼 또다시 죽을 수 있다는 것을 반드시 기억해야 한다. 주님께서는 포도나무 비유에서 말씀하신다.

내가 참 포도나무요 내 아버지는 그 농부라 2무릇 내게 있어 과실을 맺지 아니하는 가지는 아버지께서 이를 제해 버리시고 무릇 과실을 맺는 가지는 더 과실을 맺게 하려하여 이를 깨끗케 하시느니라 3너희는 내가 일러 준 말로 이미 깨끗하였으니 4내 안에 거하라 나도 너희 안에 거하리라 가지가 포도나무에 붙어있지 아니하면 절로 과실을 맺을 수 없음 같이 너희도 내 안에 있지 아니하면 그러하리라 (요 15:1-4)

저희를 진리로 거룩하게 하옵소서 아버지의 말씀은 진리니이다 (요 17:17)

그리스도 예수 안에 있을지라도 말씀 안에 거하지 않으면 제하여진다. 소위 '구원파'라고 불리는 교단이 있는데 그들을 한번 받은 구원은 취소되지 않으므로 영생까지 무조건 간다고 주장한다. 그러나 이것은 성경을 크게 오해하고 있는 것이다. 구원받은 후라도 말씀에 순종하지 않으면 언제든지 예수 그리스도에게서 끊어질 수 있는 것이다. 영적인 생명은 항상 하나님의 말씀에서 오는데 하나님께서 인간에게 말씀하시는 이유는 인간에게 부담을 주거나 괴롭게 하려는 것이 아니라 생명을 주시기 위한 것이다. 인자이신 예수 그리스도께서 오신 이유도 생명을 주시기 위함이다.

어떤 이들은 하나님께서 말씀에 순종하지 않는 자들을 괘씸하게 여겨서 영생을 주지 않는다고 오해할 수 있겠으나 사실은 하나님의 말씀과 생명은 동전의 양면과 같아서 함께 오기 때문에 말씀을 거절하면 생명도 같이 거절되어 죽는 것이지 하나님께서 불순종하는 인간들을 괘씸하게 여겨서 죽이시는 것이 아니다. 예수 그리스도의 공로로 구속함을 입은 그리스도인들이 하나님의 말씀에 순종해가는 것은 영생을 향해 가는 것이다.

영생은 믿음과 순종의 결국結局이다. 주님께서 재림하시거나 육체의 목숨이 끝나면 예수 그리스도의 보혈로 거룩해진 영혼은 낙원에서 잠시 쉬다가 예수 그리스도의 재림 나팔소리와 함께 부활하게 될 것이다. 육체는 영혼이 영광을 얻을 기회이기도 하지만 타락할 수 있는 기회가 되기도 한다.

한번 비췸을 얻고 하늘의 은사를 맛보고 성령에 참예한바 되고 [5]하나님의 선한 말씀과 내세의 능력을 맛보고 [6]타락한 자들은 다시 새롭게 하여 회개케 할 수 없나니 이는 자기가 하나님의 아들을 다시 십자가에 못 박아 현저히 욕을 보임이라 (히 6:4-6)

2 상(賞)

상賞은 구원받은 성도들이 천국에서 받아야 할 기업이다. 교회에서 봉사하는 모든 것은 상賞을 받는다. 율법에 순종하면 이 땅에서 상을 받고, 복음에 순종하면 하늘에서 상을 받는다. 어떤 이들은 교회에서 봉사하는 것으로써 하늘에서 상賞을 기대하는 것을 수준 낮은 신앙으로 생각하지만 이것은 성경을 크게 오해하는 것이다.

> **믿음이 없이는 기쁘시게 못 하나니 하나님께 나아가는 자는 반드시 그가 계신 것과 또한 그가 자기를 찾는 자들에게 상 주시는 이심을 믿어야 할지니라 (히 11:6)**

하늘에서 받을 상은 이 땅에서 수고해서 쌓는 것이다. 상은 각 사람이 수고해야 하는데 어떤 사람은 금으로 집을 짓고, 어떤 이는 은이나 보석으로 지으며, 다른 사람은 풀이나 나무나 짚으로 집을 짓는다.

> **만일 누구든지 금이나 은이나 보석이나 나무나 풀이나 짚으로 이 터 위에 세우면 13각각 공력이 나타날 터인데 그 날이 공력을 밝히리니 이는 불로 나타내고 그 불이 각 사람의 공력이 어떠한 것을 시험할 것임이니라 14만일 누구든지 그 위에 세운 공력이 그대로 있으면 상을 받고 15누구든지 공력이 불타면 해를 받으리니 그러나 자기는 구원을 얻되 불 가운데서 얻은 것 같으리라 (고전 3:12-15)**

그리스도인이 말씀에 순종하여 수고하면 마치 금이나 은이나 보석으로 집을 짓는 것과 같지만 자기의 신념을 따라 수고하면 나무나 풀로써 집을 짓는 것과 같다. 상賞은 인간의 수고, 다른 말로 하자면 인간의 공력功力인데 하늘에서 하나님께서는 반드시 불로써 그 공력功力을 시험한다. 공력이 불타면 상賞을 받지 못하고 해害를 받게 된다. 이것은 신비한 하나님의 법칙이다. 마치 동전이 앞, 뒷면이 있는 것처럼 상賞과 해害는 동시적으로 존재한다. 그래서 상을 받지 못하면 해害를 받고, 생명이 없으면 사망이며, 복이 없으면 저주가 있게 된다. 이 땅에서 받는 상賞을 생각해서 상賞이 있으면 좋고, 없어도 나쁠 것은 없다고 생각해서는 절대로 안 된다.

주님께서 금이나 은으로 집을 짓는 자와 풀이나 나무로 집을 짓는 자의 차이점을 분명하게 가르치고 계시니 그의 말씀은 영생의 말씀이다(요 6:68).

> 그러므로 누구든지 나의 이 말을 듣고 행하는 자는 그 집을 반석 위에 지은 지혜로운 사람 같으리니 25비가 내리고 창수가 나고 바람이 불어 그 집에 부딪히되 무너지지 아니하나니 이는 주초를 반석 위에 놓은 연고요 26나의 이 말을 듣고 행치 아니하는 자는 그 집을 모래 위에 지은 어리석은 사람 같으리니 27비가 내리고 창수가 나고 바람이 불어 그 집에 부딪히매 무너져 그 무너짐이 심하니라 (마 7:24-27)

말씀을 듣고 순종하는 자의 공력功力은 무너지지 않지만 말씀에 불순종하고 오히려 자기의 신념을 따르는 자의 공력功力은 시험을 견디지 못하고 무너지고 만다. 그럼에도 불구하고 그 영혼은 구원은 얻을 수 있으나 불 가운데서 건져지는 것과 같은 구원을 받는다고 말씀하신다. 주님께서는 자기의 사랑하는 성도들이 모두 상賞 받기를 원하신다.

> 사랑하는 자들아 너희는 너희의 지극히 거룩한 믿음 위에 자기를 건축하며 성령으로 기도하며 [21]하나님의 사랑 안에서 자기를 지키며 영생에 이르도록 우리 주 예수 그리스도의 긍휼을 기다리라 (유 1:20-21)

'거룩한'이라고 번역된 헬라어 '하기오스ἅγιος'는 '구별되다'라는 뜻이다. '거룩한 믿음'이라는 것은 '세상이 가진 믿음'과는 구별되는 믿음이라는 뜻이다. 세상에서의 믿음은 신념으로써 신념은 시대에 따라 변하기도 한다. 그러나 거룩한 믿음은 하나님의 말씀으로써 영원 전부터 영원까지 동일하다. 예수 그리스도께서는 어제나 오늘이나 영원토록 동일하시다(히 13:8). 거룩한 믿음, 곧 하나님의 말씀 위에 세워진 공력은 상으로 남게 되지만 세상의 믿음 위에 세워진 공력은 불에 타서 없어지게 되고 오히려 해를 받아 불 가운데서 건져지는 것 같은 구원을 받게 된다. 그러므로 모든 그리스도인들이 항상 깨어서 경계해야 할 것은 나의 수고가 사람의 감정이나 신념에서 비롯된 것인지 아니면 거룩한 믿음에서 비롯된 것인지 구분하는 것이다.

영감은 모든 것을 구분할 수 있는 하나님의 능력이다. 어떤 사람은 찬양하는 것을 너무 좋아한다면서 사모함으로 찬양대에서 봉사하기를 원하는 사람이 있다. 자기 시간을 내서 봉사하는 것은 매우 훌륭한 일일 것이다. 그러나 이러한 사람은 찬양하는 것이 싫어지면 언제라도 봉사를 그만둘 수 있는 위험이 있는 것이다. 어떤 사람은 봉사하다가 다른 사람들에게 싫은 말을 듣거나 시험에 들게 되면 주께 받은 직분을 헌 신짝 버리듯이 버린다. 하늘에서 받을 영원한 상급을 자기의 감정만도 못하게 여기는 사람이 수두룩하다. 말하자면 사람이 자기의 감정이 상하면 여러 가지 핑계로 직분이나 봉사를 그만둔다는 것이다.

　이것은 거룩한 믿음 위에 자기를 건축하는 것이 아니다. 세상 사람들로부터 손가락질을 당해도, 가족으로부터 핍박을 받아도, 금전적인 손해를 입어도, 목숨을 담보로 순교하는 자리에서도 '성도'라는 직분과 '그리스도의 종'이라는 직분을 버려서는 안 된다. 영원한 상賞은 누구나 받을 수 있지만 아무나 받을 수 있는 것은 아니다. 반드시 기억하자! 상賞은 그리스도인의 거룩한 공력功力이다. 만약 상賞을 받지 못하면 부득불 해害를 받게 될 것이다. 이것이 성경이 주님의 사랑하는 성도들에게 가르치고 있는 말씀이다.

3 복은 하나님 아버지의 고유한 소유이다

복은 피조되지 않은 것으로써 영원 전부터 하나님과 함께 있는 하나님 아버지의 고유한 소유이다. 하나님의 복을 받아야 천국을 상속할 수 있으니 복은 하나님의 영원한 생명이다.

그 때에 임금이 그 오른편에 있는 자들에게 이르시되 내 아버지께 복 받을 자들이여 나아와 창세로부터 너희를 위하여 예비된 나라를 상속하라 (마 25:34)

그리스도인은 기복신앙자가 아니라 하나님의 말씀으로 복을 받는 자들이니 하나님의 복은 진실로 거룩하고 신령하다. 기복신앙이라는 개념은 자기의 '정성'이라는 노력의 대가로 복을 받으려고 하는 것이요, 자기의 신념으로 복을 받으려고 하는 것이다. 오직 하나님의 말씀을 가진 신앙인만이 하나님이 명하시는 복을 소유할 수 있는데 복은 하나님께서 성도들에게 베푸신 것 중에서 최상의 상賞이다. 복은 하나님 아버지의 고유한 권한에 두셨으므로 하나님의 아들이신 예수 그리스도와 성령이시라도 직접 복을 주시지 못하고 다만 하나님 아버지께 복을 구하실 뿐이다. 이것을 축복祝福이라 한다.

그러므로 하나님 아버지는 축복하시는 분이 아니라 복을 친히 주시는 분이시고, 아들과 성령은 친히 복을 주시는 분이 아니라 하나님 아버지께 복을 구하시는 말하자면 축복하시는 분이다. 하나님께 사랑을 받는 자만이 복을 받을 것이요, 하나님의 계명을 지키는 자만이 하나님의 사랑을 받을 것이다. 이것이 하나님의 약속이다.

> **나의 계명을 가지고 지키는 자라야 나를 사랑하는 자니 나를 사랑하는 자는 내 아버지께 사랑을 받을 것이요 나도 그를 사랑하여 그에게 나를 나타내리라 (요 14:21)**

하나님께서 예수 그리스도를 세상에 보내심은 하나님을 사랑하는 자들에게 복을 주시되, 반드시 아들을 통해서만 주시려는 의도意圖이다. 그러므로 예수 그리스도는 복의 근원이시다. 아들의 영광의 나라에 들어갈 수 있는 권리도 복에 있으니 복은 주인의 권리로써 임의대로 할 수 있는 권리이다. 따라서 천국에 들어가고자 하면 얼마든지 들어갈 수 있고, 영생하려고 하는 자는 영생할 수 있는 권리를 말하는 것이다. 천상천하에 임의대로 하시는 유일하신 분은 오직 하나님 한 분이시기 때문에 복은 하나님의 소유이며, 그의 복을 받은 자는 그 권위가 신과 같다. 육체의 복은 율법으로 말미암고 영혼의 복은 진리로 말미암는다. 혈과 육은 하늘나라를 유업으로 받을 수 없다.

> **형제들아 내가 이것을 말하노니 혈과 육은 하나님 나라를 유업으로 받을 수 없고 또한 썩은 것은 썩지 아니한 것을 유업으로 받지 못하느니라 (고전 15:50)**

그러므로 육체의 것은 하늘나라에 가져갈 수 없고 오직 신령한 복만이 영적이기 때문에 하늘나라까지 가져갈 수 있다. 하나님의 복은 영원한 것이기 때문에 이 땅에서 없어질 물질은 복이 아니라 이 땅에서 잠시 편하게 할 도구일 뿐이다. 율법도 하나님의 말씀으로 육체의 예법이 되어 육체의 복을 명하는 말씀이지만 진리는 태초부터 계신 말씀으로서 영혼의 복을 명하는 말씀이다. 자, 그럼 우리는 무엇을 사모할 것인가? 물론 신령하고 영원한 복을 사모해야 할 것이다. 그러나 우리는 육체의 것이라고 해도 무시해서는 안 된다. 영혼의 복이 먼저요, 그 후에는 육체의 복도 소유해야 할 것이다. 왜냐하면 육체의 복도 하나님께서 명하셨으니 그의 명령을 돌이킬 수 없다. 영혼에 복이 없으면 육체의 복도 무익하나 균형 있는 신앙인이 되자 영혼이 잘됨 같이 육체의 복도 충만해야 한다.

사랑하는 자여 네 영혼이 잘 됨같이 네가 범사에 잘 되고 강건하기를 내가 간구하노라 (요삼 1:2)

하나님의 복은 하나님의 행복을 말한다. 그러므로 하나님께서 사랑하는 그리스도인들에게 복을 명하신 것은 사람의 영혼에 하나님의 행복을 명하시는 것이다. 행복은 가시적이지 않기 때문에 보이는 육체에 임하는 것이 아니라 보이지 아니하는 내 영혼에 임하는 것이다. 하나님의 말씀은 영원하시니 복이다. 주님 말씀하시기를 "내 아버지께 복 받을 자들이여 나아와 창세로부터 예비된 나라를 상속하라" 하셨으니 복이 없는 자들은 천국에 결단코 들어갈 수 없다(마 25:34). 하나님께서 우리에게 복을 주실 때에는 반드시 명령으로 주시기 때문에 하나님의 말씀을 명령으로 받지 않는 자들은 복을 받을 수도 없을 뿐만 아니라 받지도 못한다.

하나님의 명령과 복은 동전의 양면과 같아서 명령을 거절하면 복도 같이 거절되는 것이다. 사람들은 물질이 없거나 명예가 없어서 행복하지 못한 것이 아니라 하나님의 복이 없어서 행복하지 못한 것이다. 다시 말하면, 사람들은 돈이 없어서 행복하지 않은 것이 아니라 하나님의 말씀이 없기 때문에 행복하지 못한다. 하나님의 복을 구하려면 먼저 복이 무엇인지 알고 구해야 한다. 복이 무엇인지 알지 못하고 구하는 자들은 기복신앙을 하는 자들이요, 신비주의자들이다. 신비주의자는 복을 알지 못하며, 복의 근원도 알지 못하기 때문에 자기의 정성으로 받으려는 자들이다. 신령한 그리스도인은 하나님의 신령한 복을 사모하여 천국을 상속하자. 하나님의 명령의 말씀이 복이다. 복을 사모하자! 하나님께서 복을 사모하는 자들에게 명령하실 것이니 순종함으로 복을 소유하자!

예수 그리스도는 하나님의 복으로 충만하신 분이시다. 예수께서 겟세마네 동산에서 기도하실 때 "내 아버지여 만일 할만하시거든 이 잔을 내게서 지나가게 하옵소서 그러나 나의 원대로 마옵시고 아버지의 원대로 하옵소서 하시고"라고 기도하셨는데 이것은 사실상 아버지께 복을 구하는 기도이다. 비록 각자가 생각하는 복의 개념이 있을지라도 복의 진정한 의미를 잘 알아야 한다.

그런즉 씨 뿌리는 비유를 들으라 [19]아무나 천국 말씀을 듣고 깨닫지 못할 때는 악한 자가 와서 그 마음에 뿌리운 것을 빼앗나니 이는 곧 길가에 뿌리운 자요 ²⁰돌밭에 뿌리었다는 것은 말씀을 듣고 즉시 기쁨으로 받되 ²¹그 속에 뿌리가 없어 잠시 견디다가 말씀을 인하여 환난이나 핍박이 일어나는 때에는 곧 넘어지는 자요 ²²가시떨기에 뿌리었다는 것은 말씀을 들으나 세상의 염려와 재리의 유혹에 말씀이 막혀 결실치 못하는 자요 ²³좋은 땅에 뿌리었다는 것은 말씀을 듣고 깨닫는 자니 결실하여 혹 백배, 혹 육십배, 혹 삼십배가 되느니라 하시더라 (마 13:18-23)

복은 씨앗과 같아서 씨앗 안에 뿌리도 있고, 싹도 있고, 잎도 있고, 나무도 있고, 가지도 있고 열매까지라도 담겨 있는 것처럼 하나님의 모든 세계와 의도意圖가 복 안에 모두 담겨있다. 그래서 비록 나타나는 형태가 다르지만 그 뿌리가 하나이다. 그러므로 우리는 나타나는 복의 한 형태를 보고 그것이 복의 전부인 양 생각하는 우물 안의 개구리가 되어서는 안 된다. 복은 하나님의 말씀을 담고 있기 때문에 복과 말씀을 분리하려고 하면 기복신앙 또는 신비주의가 되고 만다. 하나님의 말씀이 순종이라는 좋은 밭을 만날 때 영감이 싹이 나고 꽃이 피고 열매를 맺는다. 또한 복도 같이 싹이 나고 꽃이 피고 열매를 맺는다.

성경에서는 순종이라는 좋은 밭을 "말씀을 듣고 깨닫는 자"라고 기록하고 있다. '깨닫는다'라는 의미는 모르던 새로운 지식을 알게 된 것을 말하는 것이 아니라 순종하는 것을 말한다. 나의 제자들이 있는데 그들 중에는 말씀을 듣고 깨달았다고 매우 기뻐하는 것을 종종 보고는 한다. 그러나 순종하지 아니하고 하나님의 말씀을 지식으로 여겨서 곧 말씀을 버리고 여전히 자기의 신념으로 사는 것을 보고는 한다. 복은 말씀에 순종할 때 열매를 맺고 영생에 이른다. 복이 없으면 천국에 들어갈 수 없고 복이 있어야만 천국에 들어갈 수 있다.

복이 있다는 뜻은 말씀에 순종하고 있다는 것을 의미하는 것이요, 순종했다고 하는 것은 하나님의 의義가 그 영혼에 충만하다는 뜻이다. 하늘 영계(셋째 하늘)도 하나님의 의義가 충만한 곳이니 하나님의 의義가 없는 자는 결단코 들어가지 못한다. 인간의 의(공로)를 가지고는 들어가지 못한다. 하나님의 복을 받자. 이 땅에서 형통하는 것만 복이 아니요, 복은 하나님의 의義다.

하나님께서는 복을 명령하시는 분이시기 때문에 하나님의 명령에 순종하지 않는 자는 복을 받을 수 없다. 복을 받지 못하는 자는 하나님 아버지께서 복에 인색하시기 때문에 복을 받지 못하는 것이 아니라 하나님의 말씀(계명)에 순종하지 않기 때문에 복을 받을 수 없는 것이다. 말하자면 하나님 아버지께서 아무리 복을 주시고자 하여도 받는 자들이 마음이 강퍅하여 하나님의 말씀을 받지 않으면 받을 수 없는 것이 복이다.

하나님께서는 복을 사랑하시고 아끼시며 기뻐하신다. "…그대로 되니라. 하나님이 보시기에 좋았더라" 하셨음을 기억해야 한다. 하나님의 복은 하나님의 자존심義이요 기뻐하심이니 하나님의 행사가 모두 형통한다.

> **예수께서** 침례를 받으시고 곧 물에서 올라오실새 하늘이 열리고 하나님의 성령이 비둘기같이 내려 자기 위에 임하심을 보시더니 [17]하늘로서 소리가 있어 말씀하시되 이는 내 사랑하는 아들이요 내 기뻐하는 자라 하시니라 (마 3:16-17)

복 있는 사람은 악인의 꾀를 좇지 아니하며 죄인의 길에 서지 아니하며 오만한 자의 자리에 앉지 아니하고 ²오직 여호와의 율법을 즐거워하여 그 율법을 주야로 묵상하는 자로다 ³저는 시냇가에 심은 나무가 시절을 좇아 과실을 맺으며 그 잎사귀가 마르지 아니함 같으니 그 행사가 다 형통하리로다 (시 1:1-3)

다시 강조하거니와 거룩한 그리스도인이 천국에 들어가는 것도 복이 있어야 한다. 주님 말씀하시기를 "내 아버지께 복 받을 자들이여, 창세로부터 너희를 위하여 예비된 영영(永永)한 나라를 상속하라"(마 25:34) 하셨으니 천국은 복이 있는 자에게만 해당된다는 사실을 잊지 말자. 우리가 하나님 아버지를 섬기면 하나님의 의(義)가 나타날 것이다. 하나님을 섬기는 방법은 하나님의 말씀을 존중하고 순종하는 것 이외의 다른 방법은 없다.

그 때에 여호와를 경외하는 자들이 피차에 말하매 여호와께서 그것을 분명히 들으시고 여호와를 경외하는 자와 그 이름을 존중히 생각하는 자를 위하여 여호와 앞에 있는 기념책에 기록 하셨느니라 (말 3:16)

그것을 하나님의 아들 예수 그리스도께서 친히 보여주셨다. 히브리서 5장 8-10절을 찾아서 큰소리로 꼼꼼하게 읽어보자. 그리고 그가 누구를 위하여 구원의 주가 되셨는지 깨닫자.

그가 아들이시라도 받으신 고난으로 순종함을 배워서 온전하게 되었은즉 자기를 순종하는 모든 자에게 영원한 구원의 근원이 되시고 하나님께 멜기세덱의 반차를 좇은 대제사장이라 칭하심을 받았느니라 (히 5:8-10)

예수 그리스도는 자기를 순종하는 모든 자에게 구원의 근원이 되셨음을 기억하자. 하나님께서는 순종하는 자들에게 자기의 소유이신 복을 명하실 것이니 그 명령에 순종하는 자들에게만 임할 것이다. 하나님의 명령이 복이다.

나가는 글

그리스도인들에게 있어서 성경적 개념을 갖는다는 것은 매우 중요한 일이다. 그렇지 않으면 비록 자신이 원하지 않는다고 하더라도 종교인이 되고 말기 때문이다. 어떤 교만하고 오만과 독선이 가득한 사람은 성서적이지도, 교리적이지도, 신학적이지도 않은 개념을 가지고 다른 사람들에게 자기와 동일한 개념을 갖도록 강요하기도 한다. 겸손하게 성경을 상고上考함으로써 하나님께서 말씀하시는 믿음이 무엇인지 깨닫고 순종해야 한다.

> 그러므로 믿음은 들음에서 나며 들음은 그리스도의 말씀으로 말미암았느니라 (롬 10:17)

믿음은 말씀(로고스)이다. 믿음이 있다는 것은 말씀(로고스)이 있다는 뜻이요, 말씀(로고스)이 있다는 것은 말씀에 순종한다는 뜻이다. 필자가 앞에서 많은 개념들을 설명하려고 노력했으나 충분하지 않고 오히려 『개념없는 그리스도인』 두 번째 책을 출간해야 할 필요성을 느꼈다. 나의 사랑하는 제자들을 위해서 세 권의 책을 저술했지만 이번은 누구라도 반드시 읽고 올바른 신앙을 가져야 한다는 마음으로 책을 쓰게 되었다.

성경적 개념이 없는 그리스도인이요, 필자의 표현으로는 '종교인'을 불쌍히 여기는 마음으로 그들도 필자와 같은 신앙인이 되기를 소망하면서 비록 졸필이지만 믿음을 따라 썼다. 하나님의 말씀을 가장 잘 안다고 자부하는 바리새인과 서기관들이 진리를 알지 못해서 하나님의 아들을 십자가에 못 박아 죽이는 일에 앞장섰다. 이 같은 일은 오늘을 살고 있는 그리스도인들에 거울이 되어야 한다.

> **저희에게 당한 이런 일이 거울이 되고 또한 말세를 만난 우리의 경계로 기록하였느니라 (고전 10:11)**
>
> **그때 마침 두어 사람이 와서 빌라도가 어떤 갈릴리 사람들의 피를 저희의 제물에 섞은 일로 예수께 고하니 2대답하여 가라사대 너희는 이 갈릴리 사람들이 이같이 해 받음으로써 모든 갈릴리 사람보다 죄가 더 있는 줄 아느냐 3너희에게 이르노니 아니라 너희도 만일 회개치 아니하면 다 이와 같이 망하리라 4또 실로암에서 망대가 무너져 치어 죽은 열여덟 사람이 예루살렘에 거한 모든 사람보다 죄가 더 있는 줄 아느냐 5 너희에게 이르노니 아니라 너희도 만일 회개치 아니하면 다 이와 같이 망하리라 (눅 13:1-5)**

교회의 지도자들이라도 겸손하게 하나님의 말씀을 받고 순종해야 한다. 직분이 그 사람의 신분을 보장하는 것은 아니다. 말하자면 직분이 천국에 들어갈 수 있는 믿음 있는 사람이라는 것을 보증保證하는 것은 아니라는 것이다. 오히려 말씀에 순종하고 성령충만한 사람이 성령에 의해 신분을 보증받는다(고후 1:22). 필자가 개념의 중요성을 강조하는 이유는 성령충만이 무엇인지 모르면 너무나 당연하게도 성령충만할 수 없다. 믿음이 무엇인지 모르는데 어떻게 믿음을 가질 수 있으며, 믿는 것이 무엇인지 모르는데 어떻게 믿을 수 있겠는가! 그저 각자가 가지고 있는 개념을 충족시킬 뿐이다. 필자는 이러한 사람들을 종교인이라고 부르고 이들의 생활을 종교생활이라고 부른다. 하나님께서는 세상에 종교를 주신 것이 아니라 믿음을 주심으로써 구원하셨다.

예수 그리스도는 성도들의 믿음이다. 하나님께서는 그의 아들 예수 그리스도를 가장 사랑하신다. 성경적 신앙의 개념을 가져서 하나님께서 기뻐하시는 믿음의 사람이 되자. 그러면 영광의 부활에 참예할 것이다.

개념 없는
그리스도인

CHRISTIANS WHO HAVE
NO REAL DEFINITION
OF FAITH IN GOD

펴낸날 2021년 3월 30일

지은이 박진욱
펴낸이 주계수 | **편집책임** 이슬기 | **꾸민이** 이슬기

펴낸곳 밥북 | **출판등록** 제 2014-000085 호
주소 서울시 마포구 양화로 59 화승리버스텔 303호
전화 02-6925-0370 | **팩스** 02-6925-0380
홈페이지 www.bobbook.co.kr | **이메일** bobbook@hanmail.net

© 박진욱, 2021.
ISBN 979-11-5858-762-8 (03230)